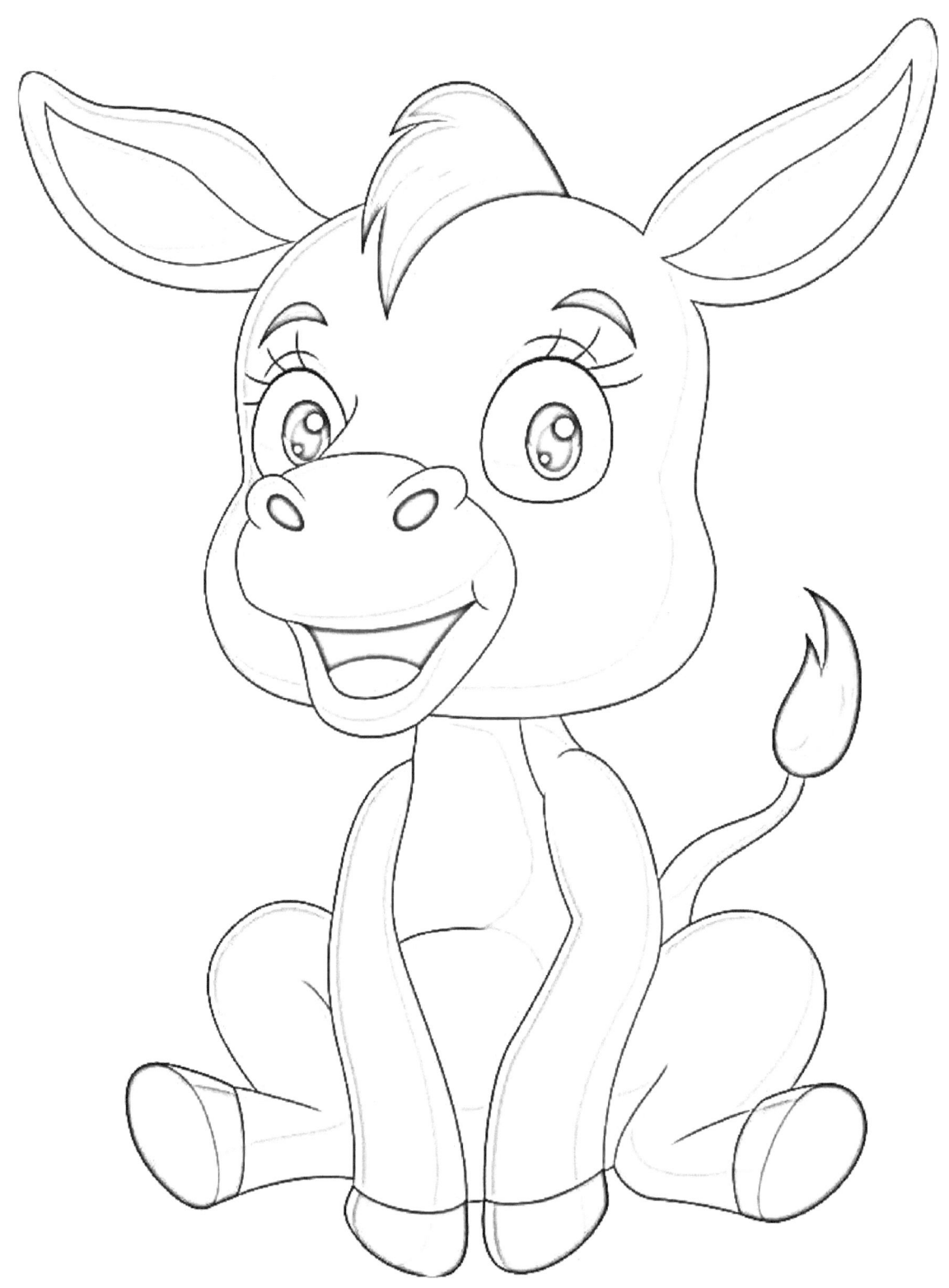

Le bébé de l'âne s'appelle
Ânon

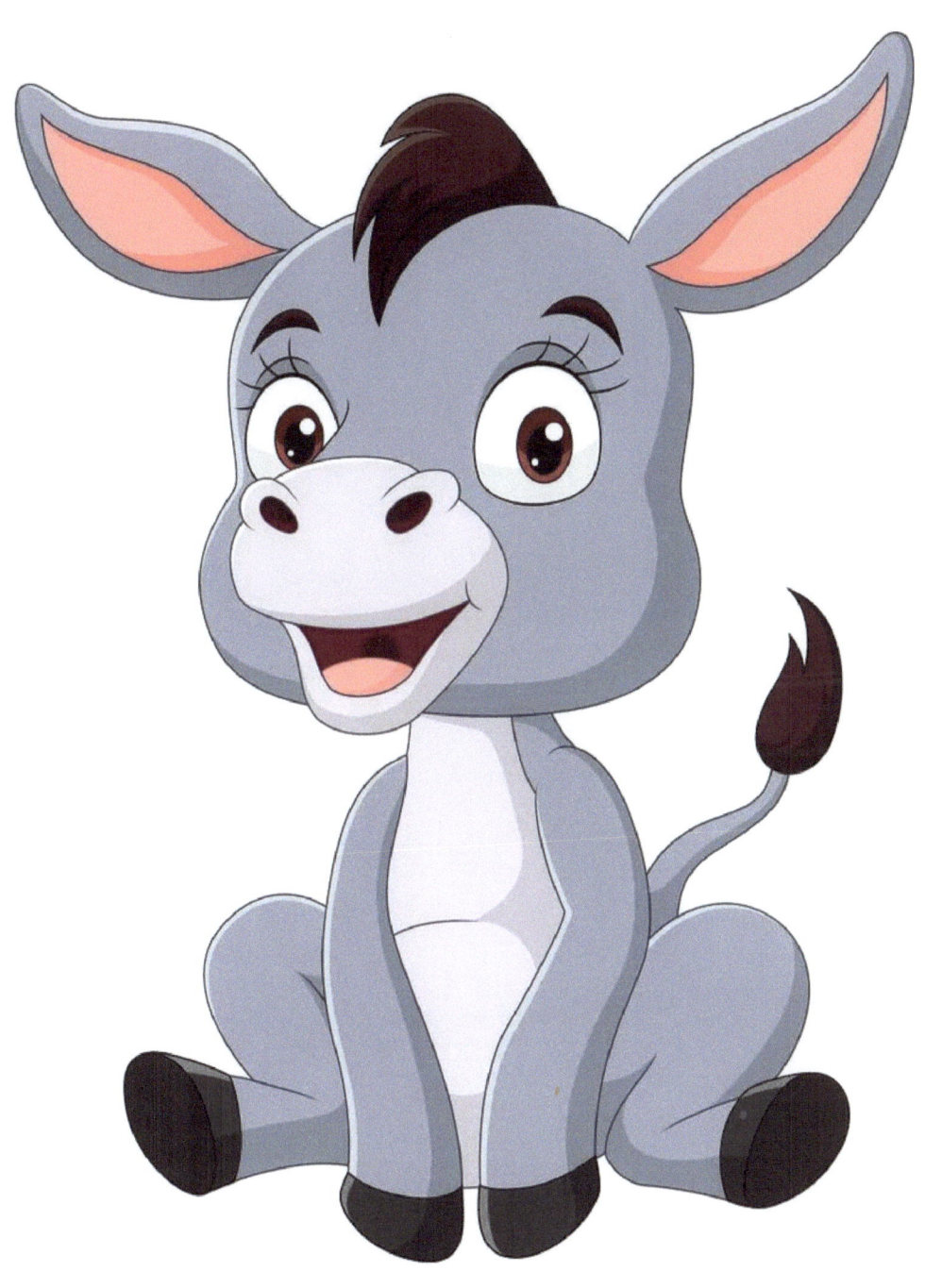

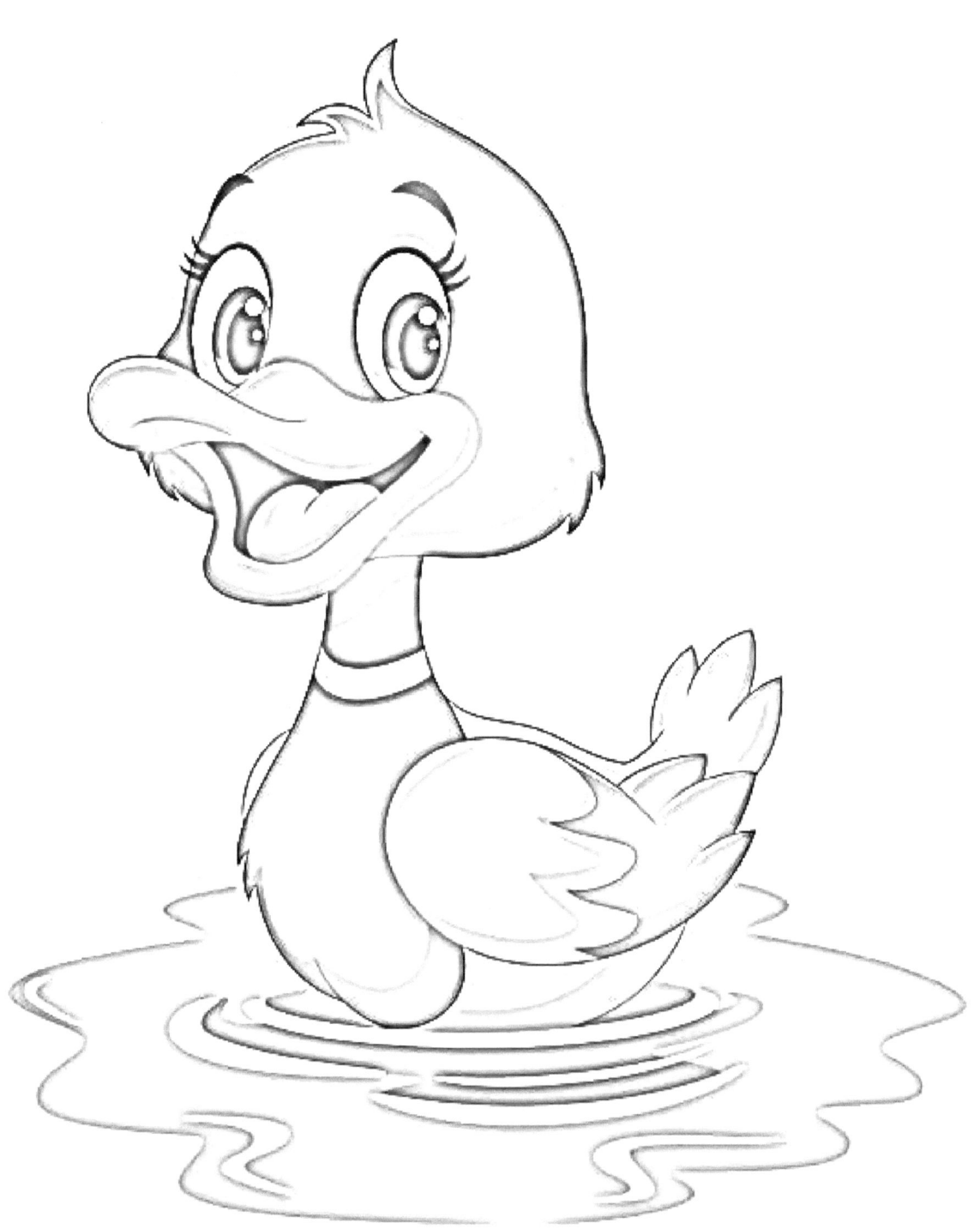

Le bébé du cannard s'appelle
Caneton

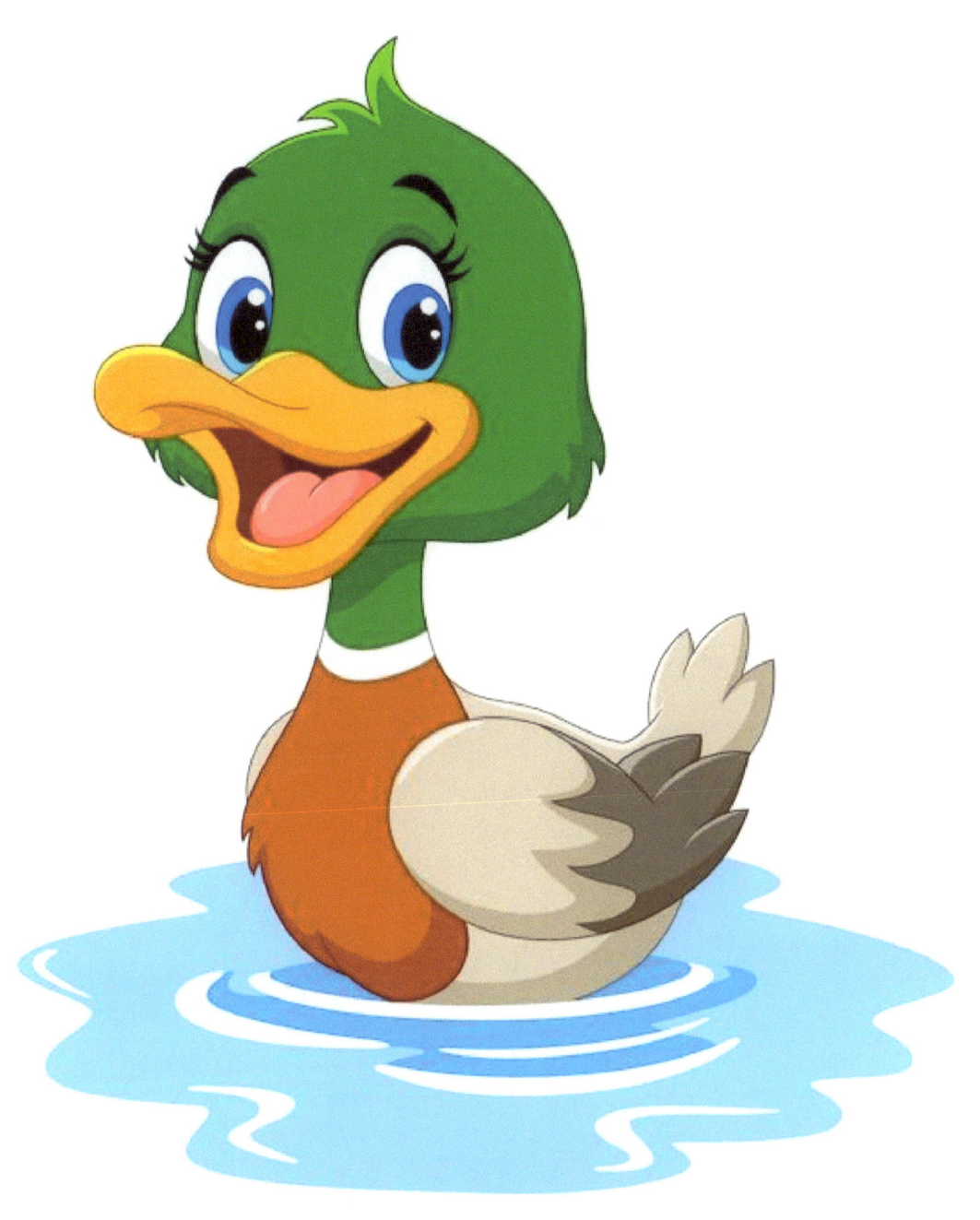

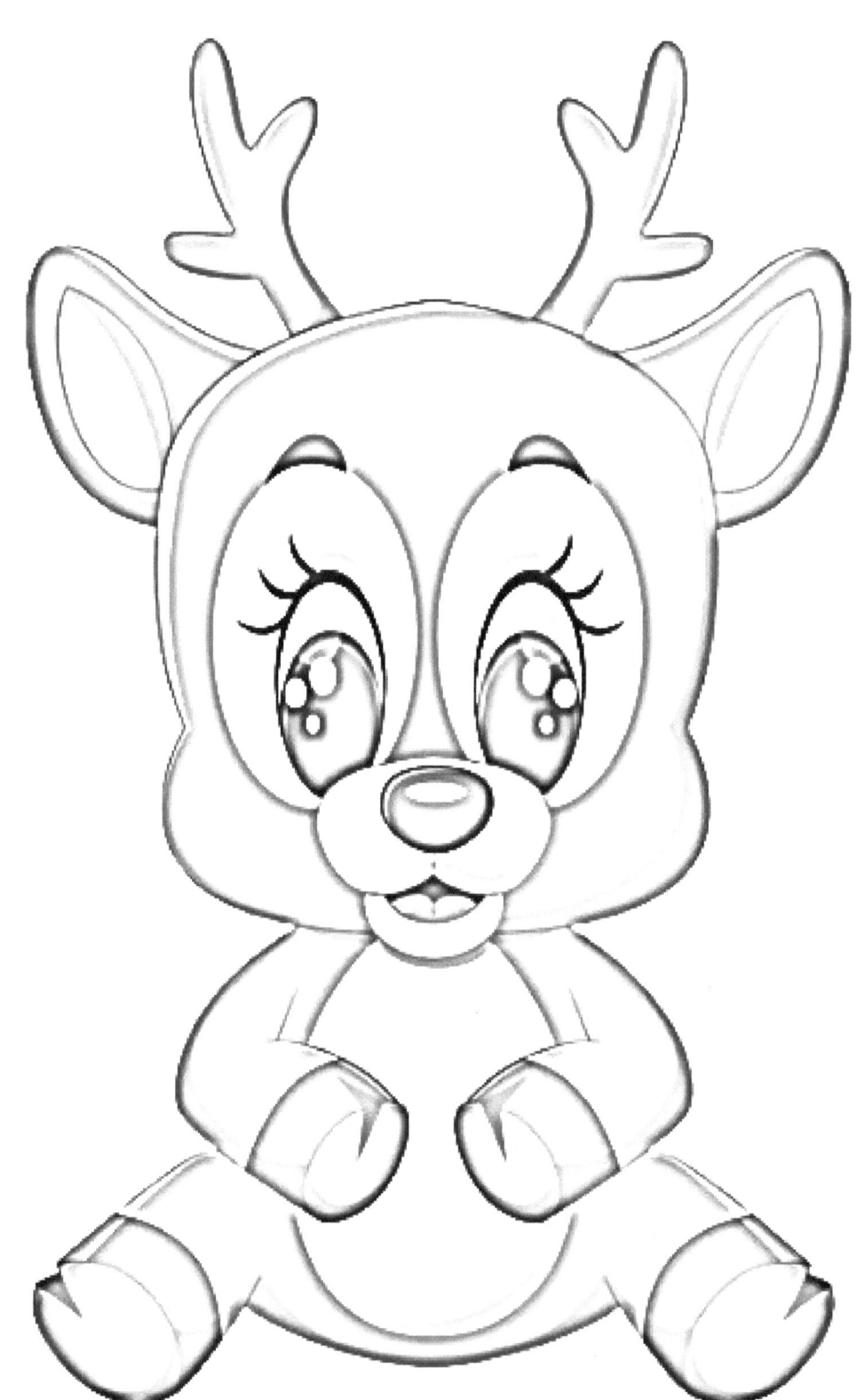

Le bébé du cerf s'appelle

Faon

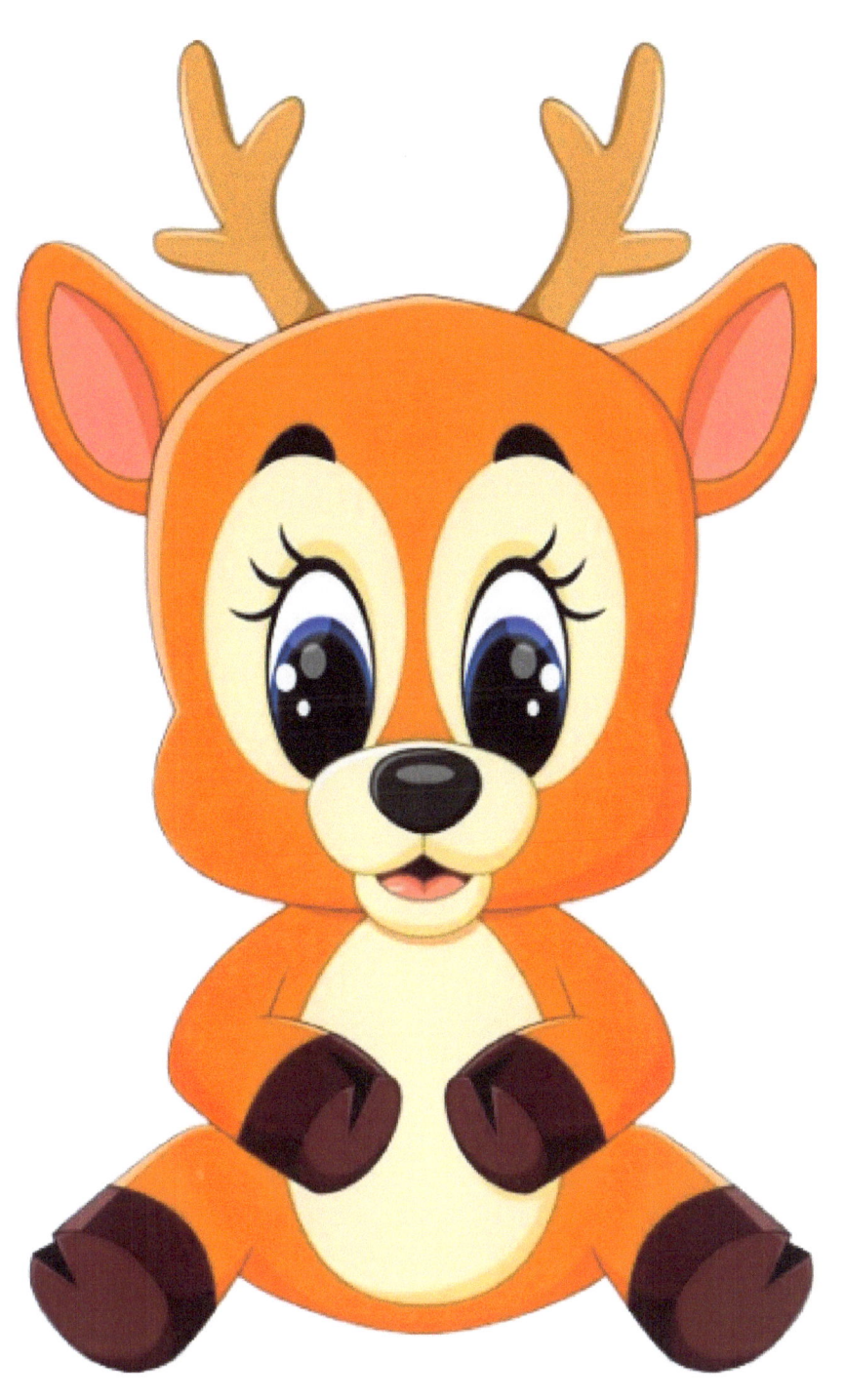

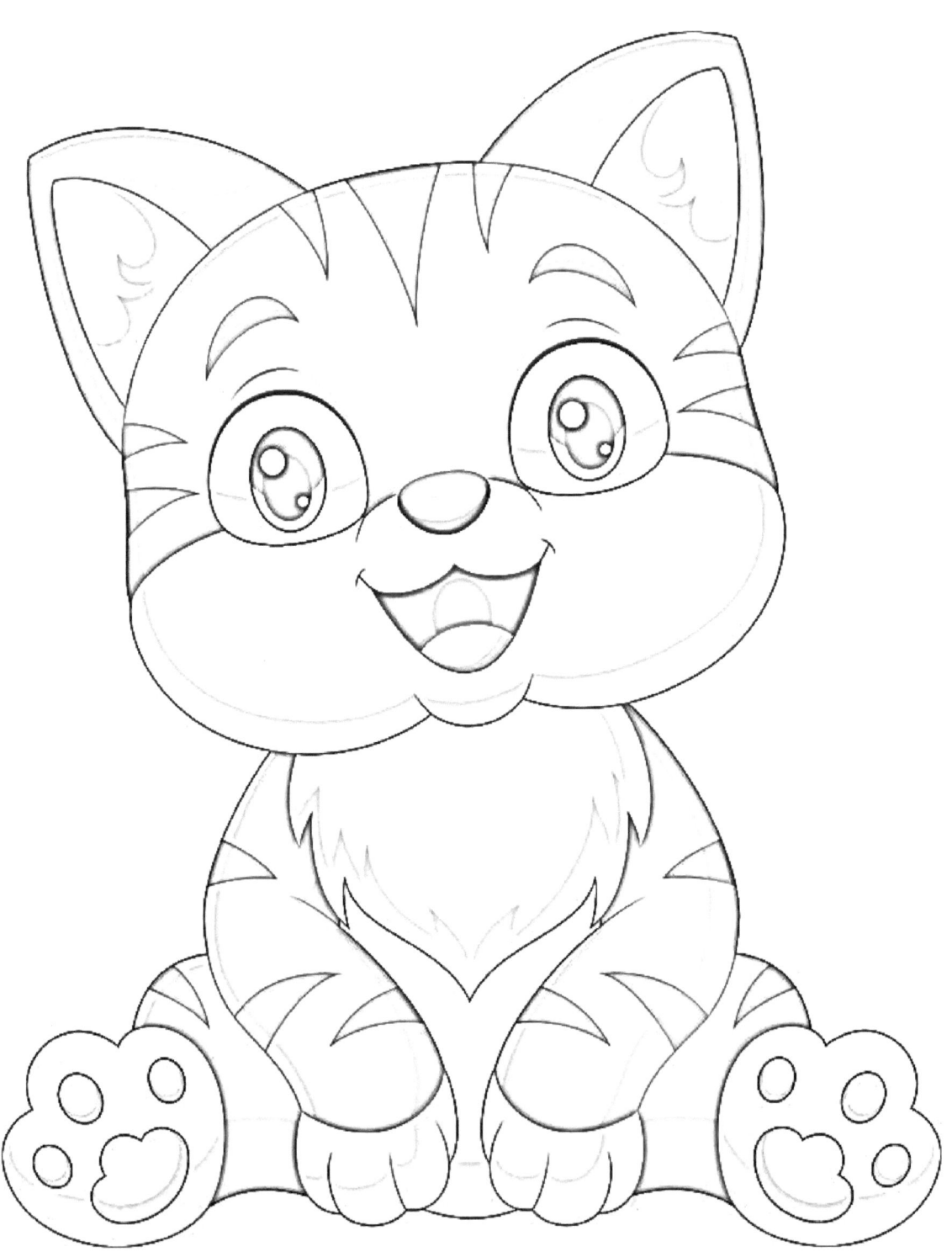

Le bébé du chat s'appelle
Chaton

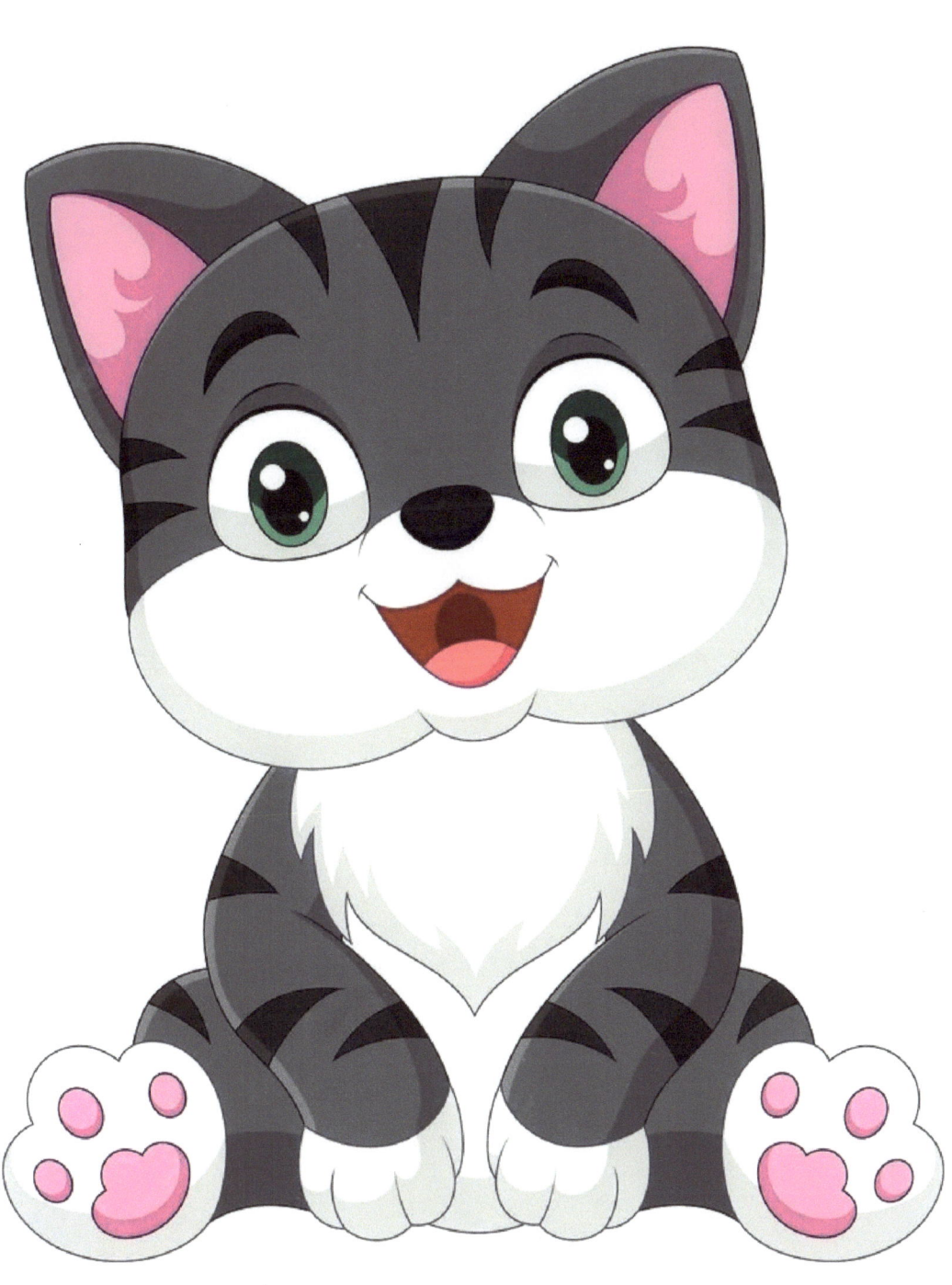

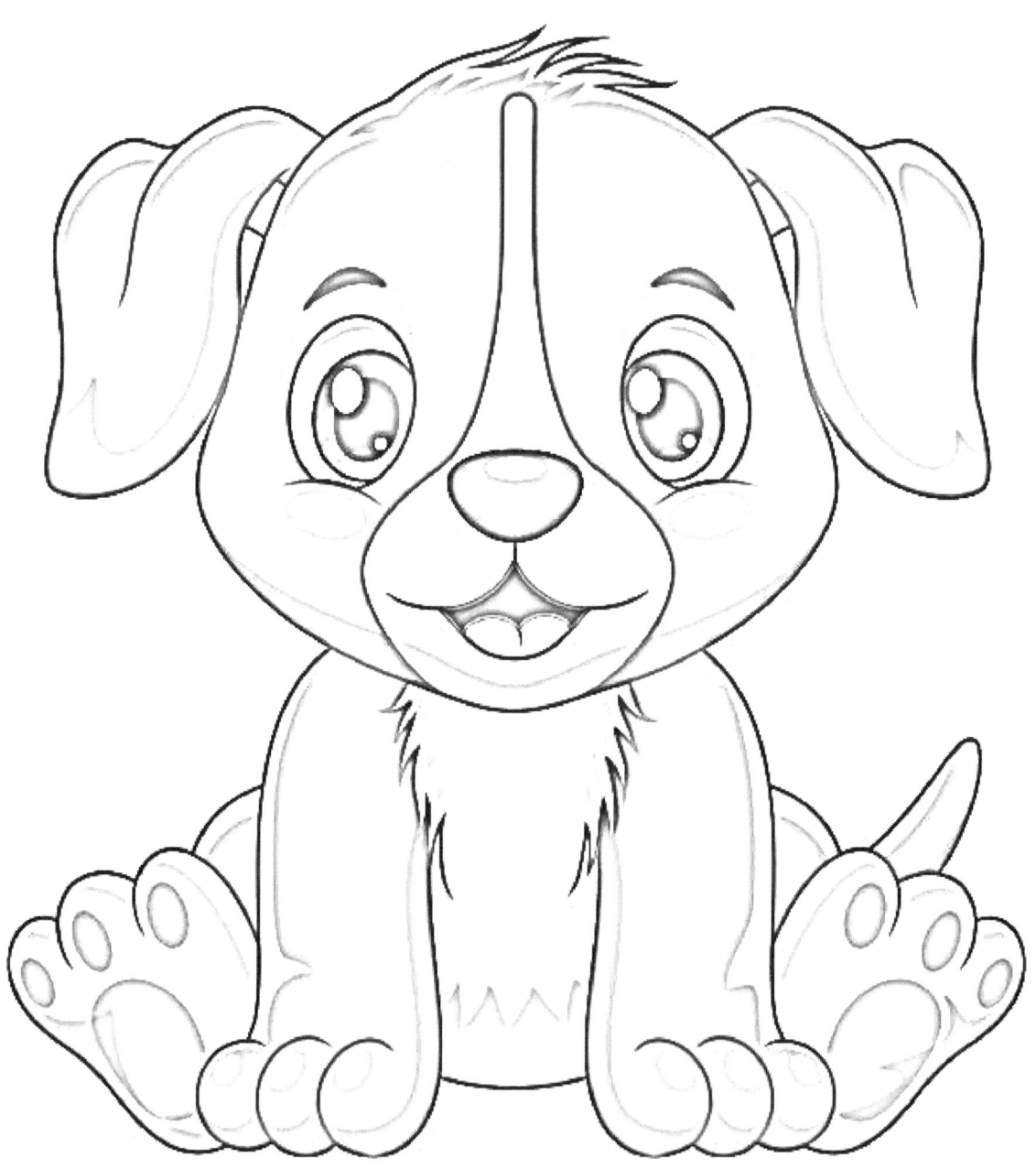

Le bébé du chien s'appelle
Chiot

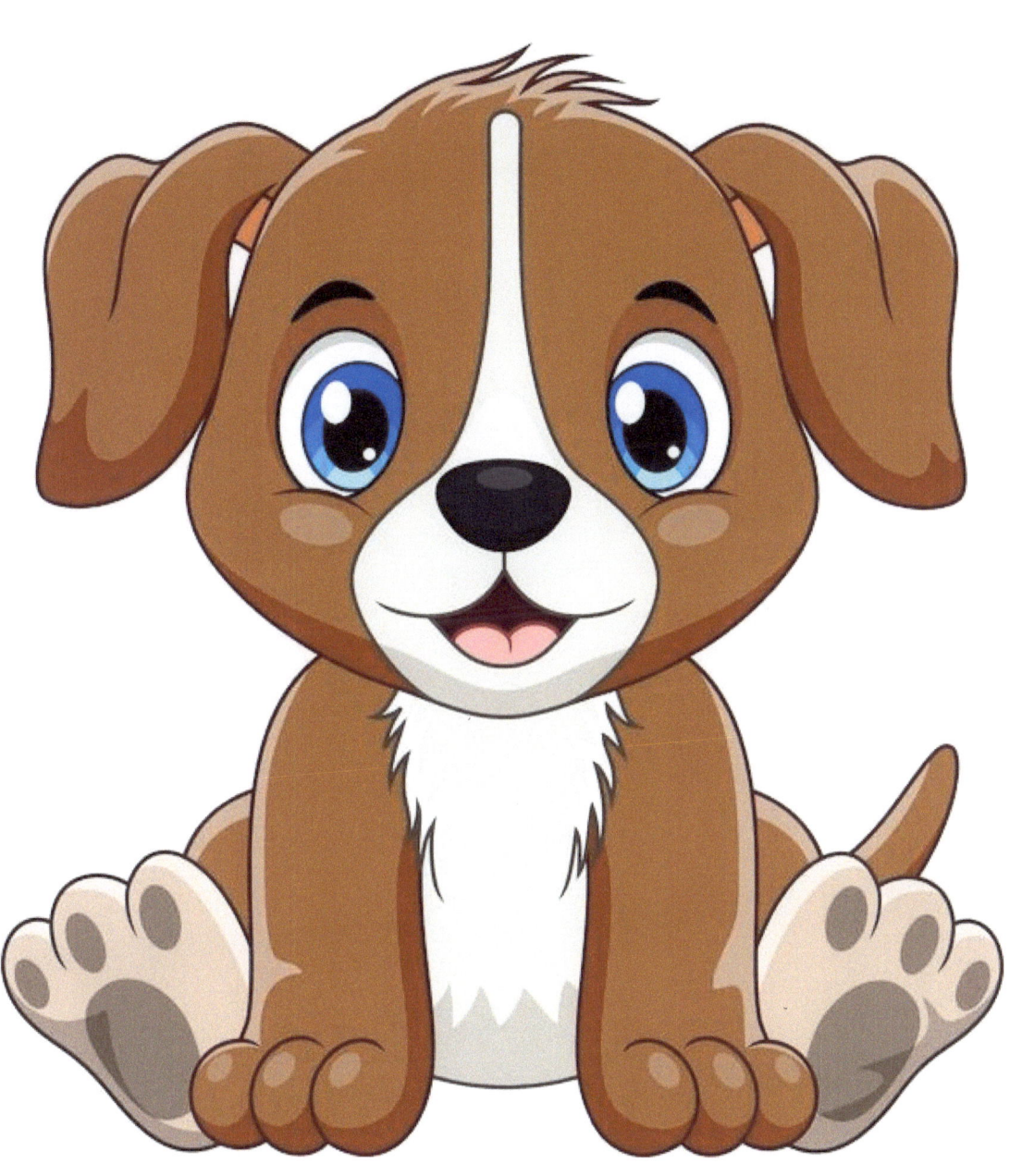

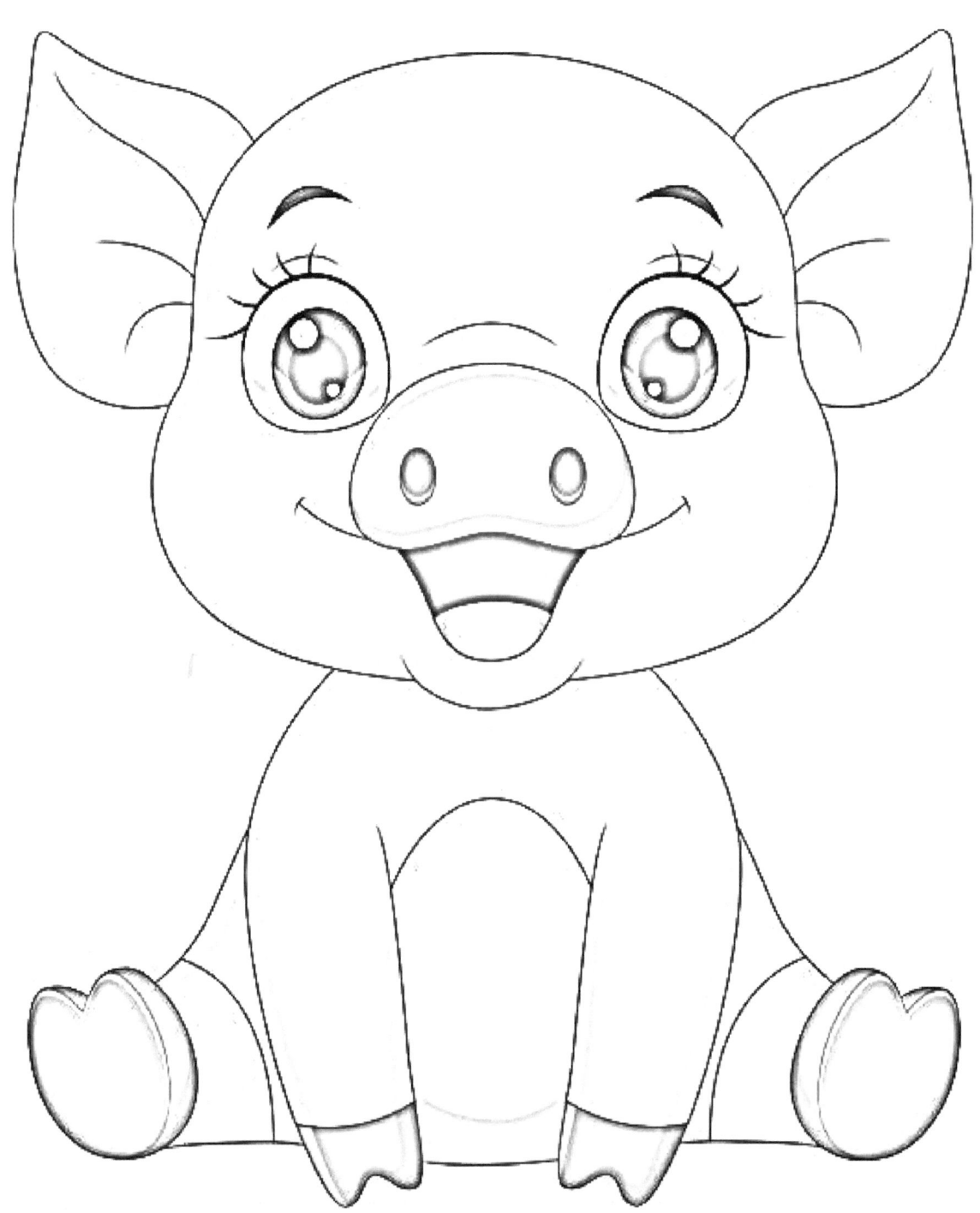

Le bébé du cochon s'appelle
Porcelet

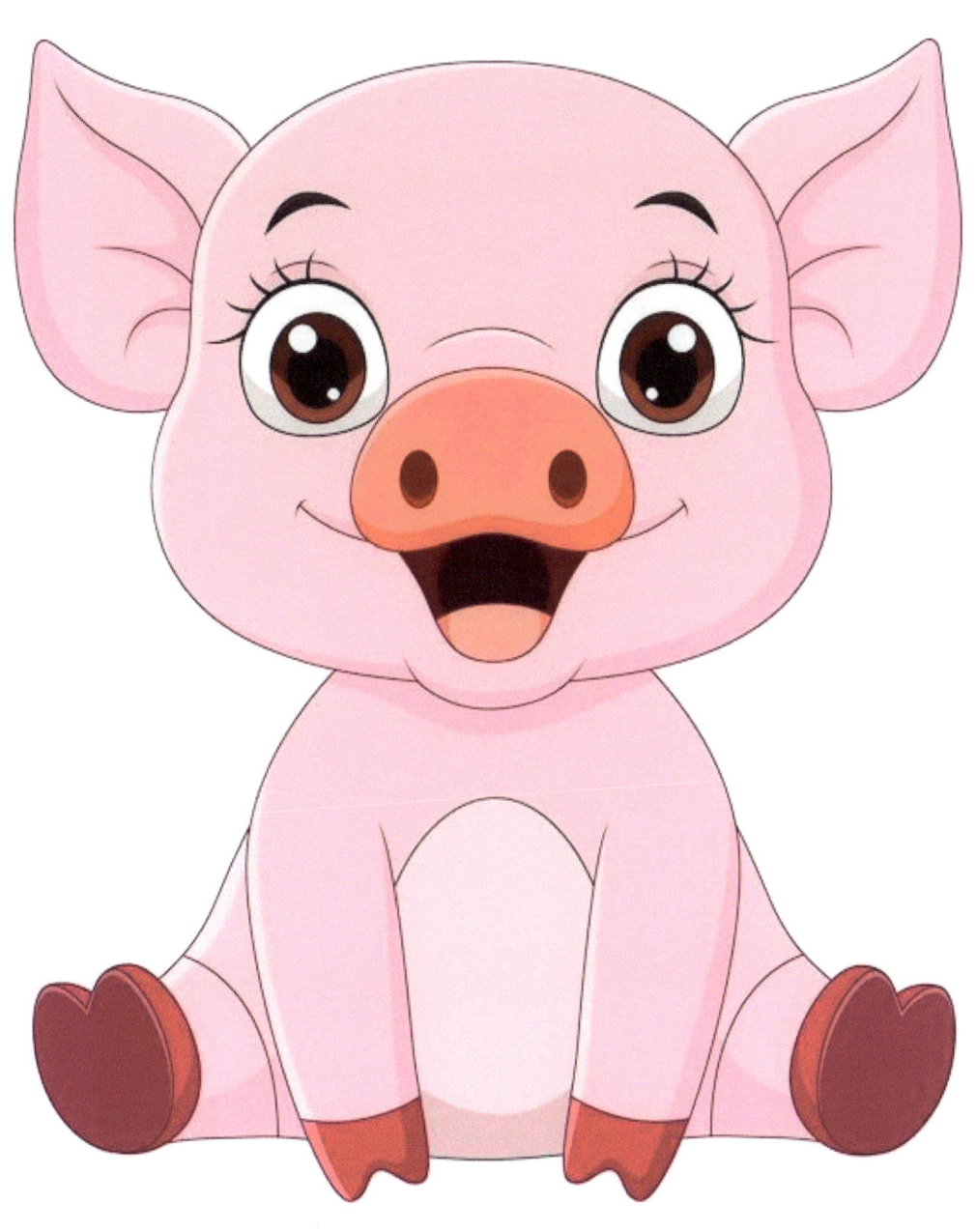

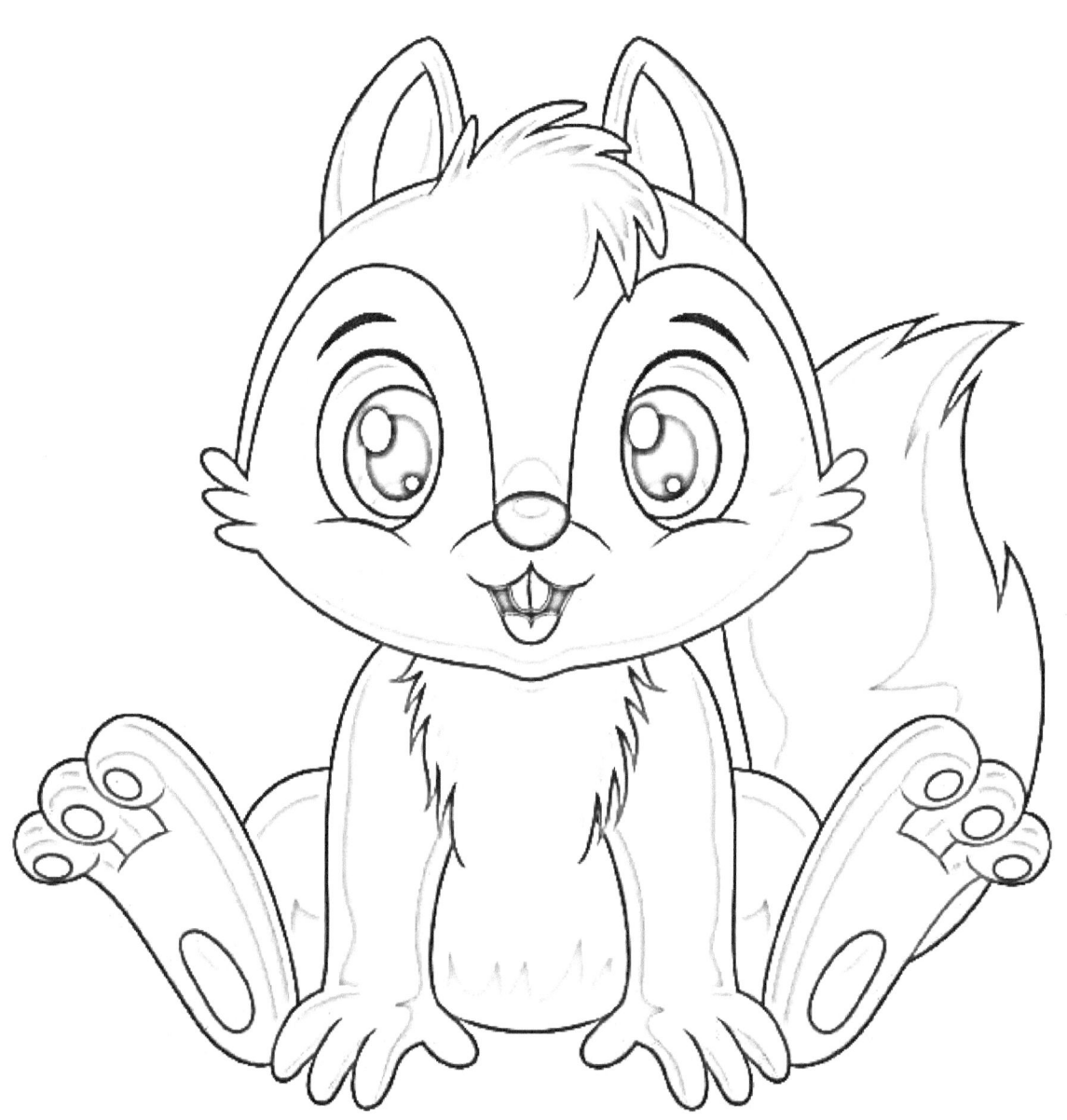

Le bébé de l'écureuil s'appelle
Écureuillon

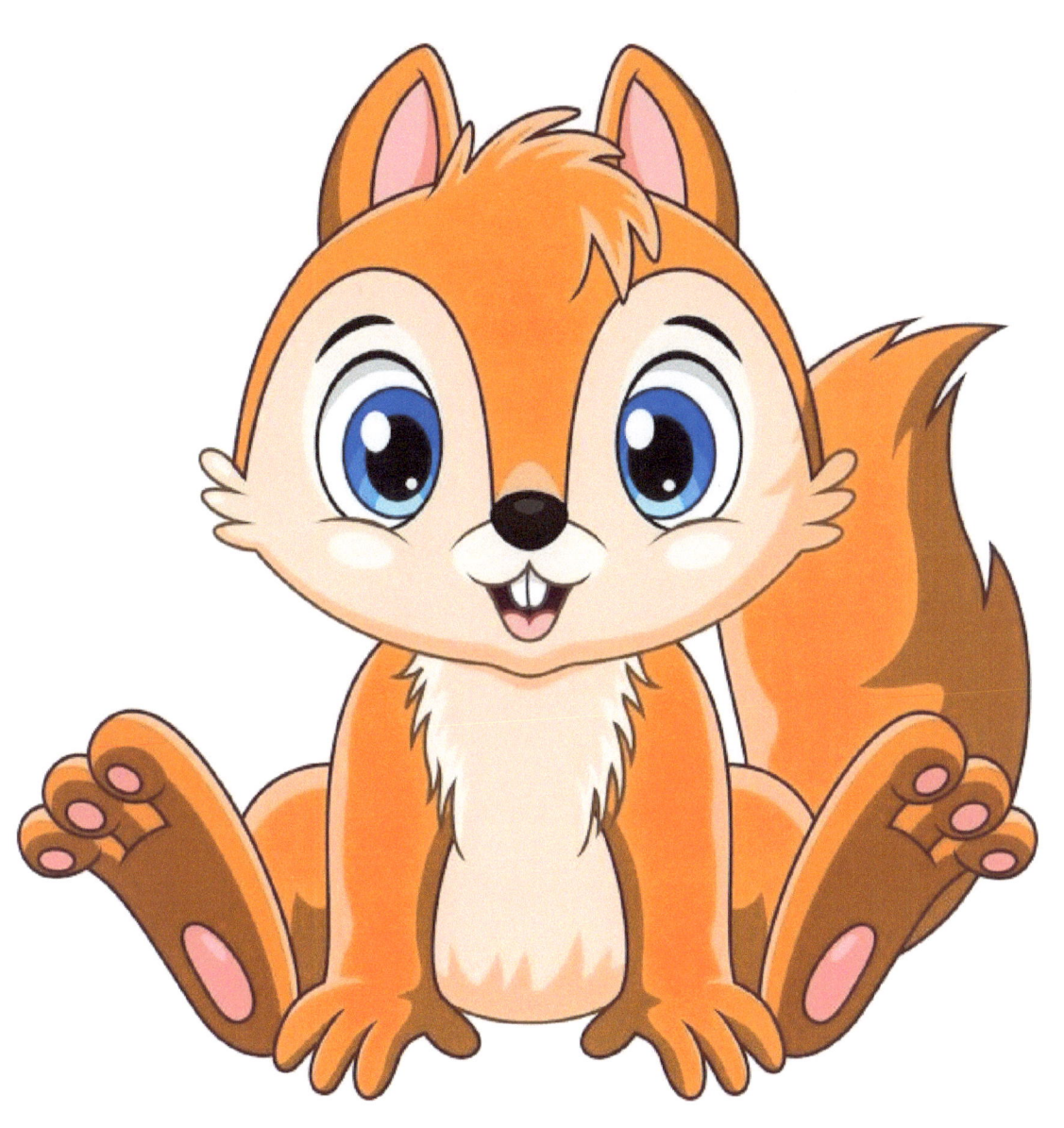

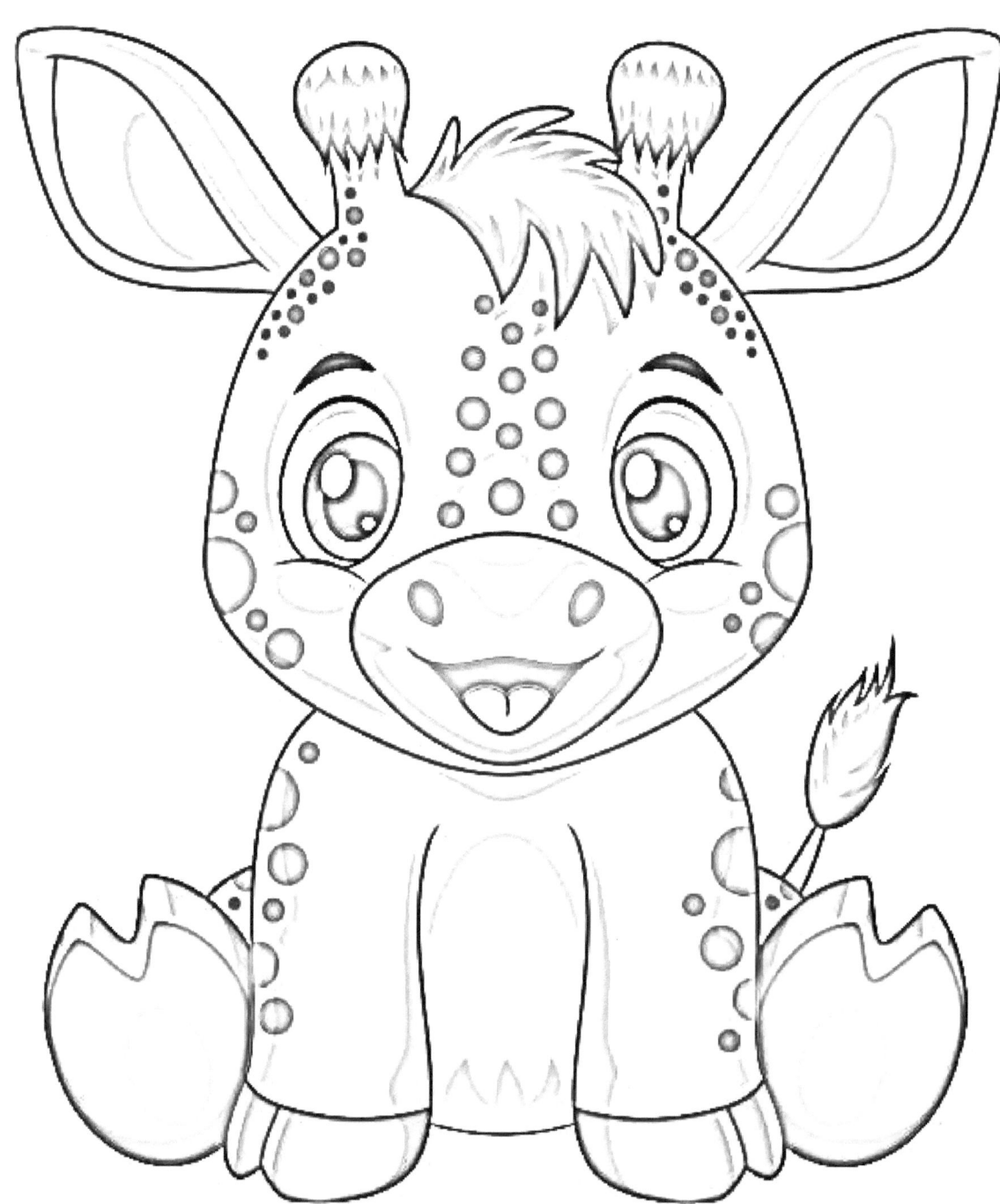

Le bébé de la girafe s'appelle
Girafon

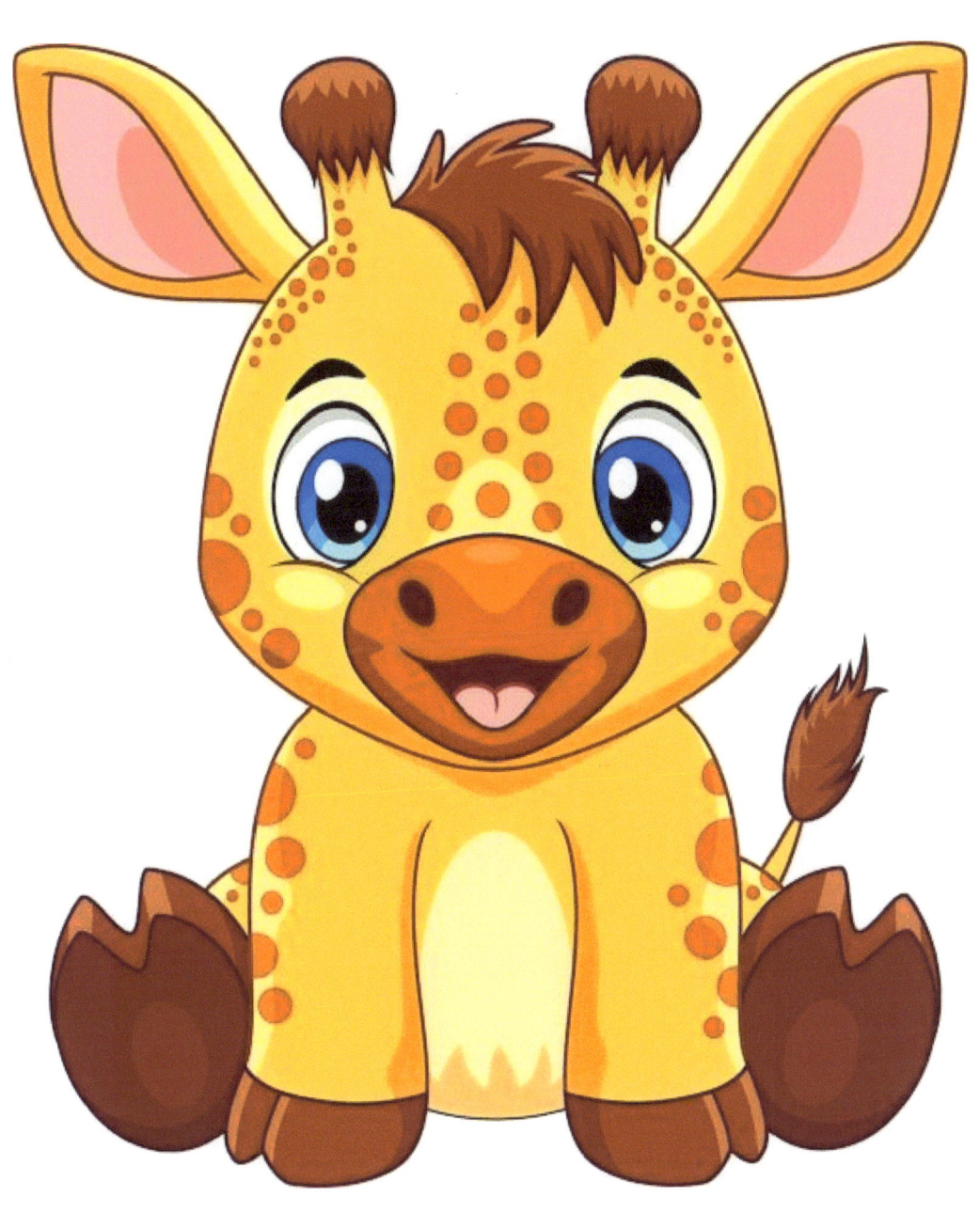

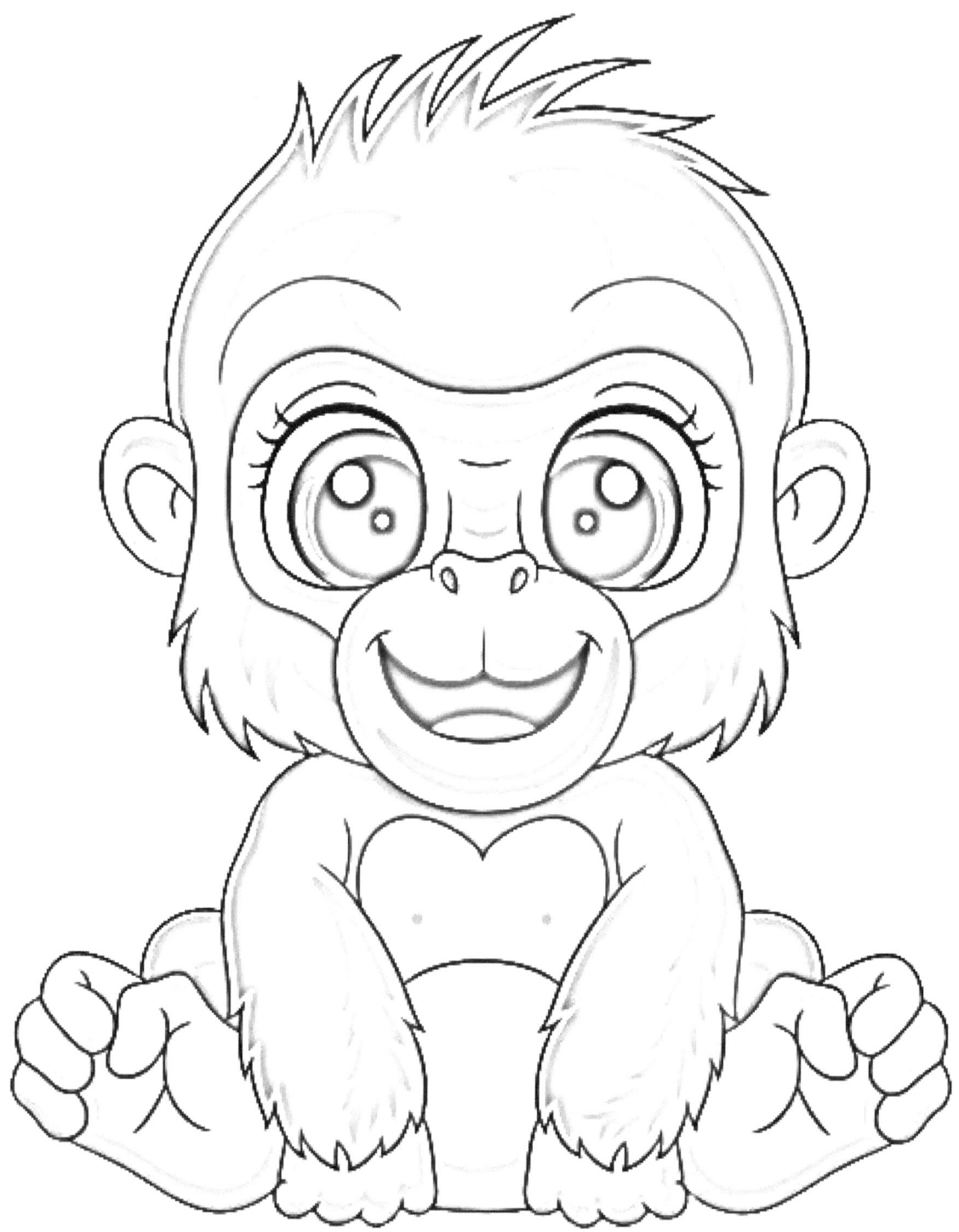

Le bébé du gorille s'appelle
Gorillon

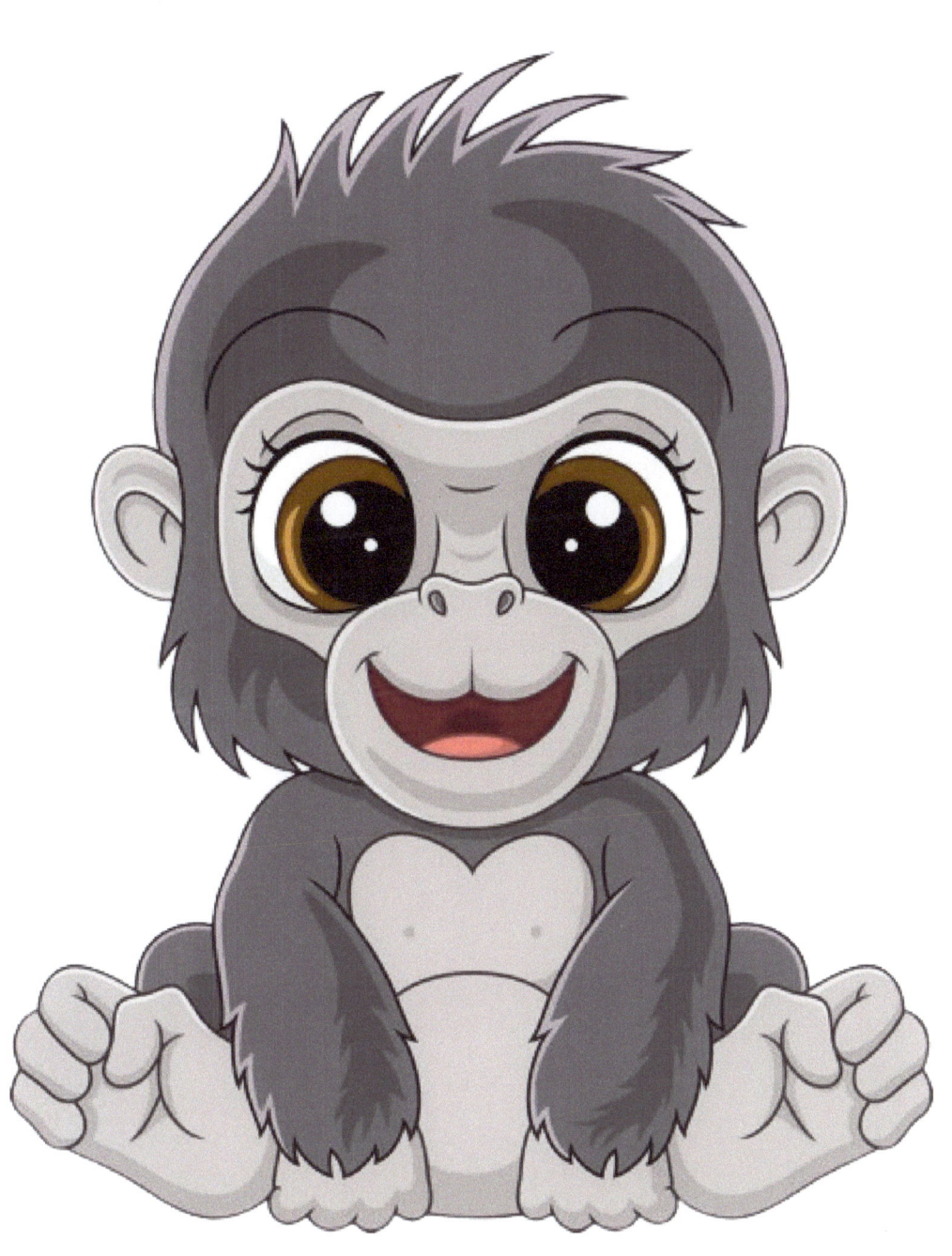

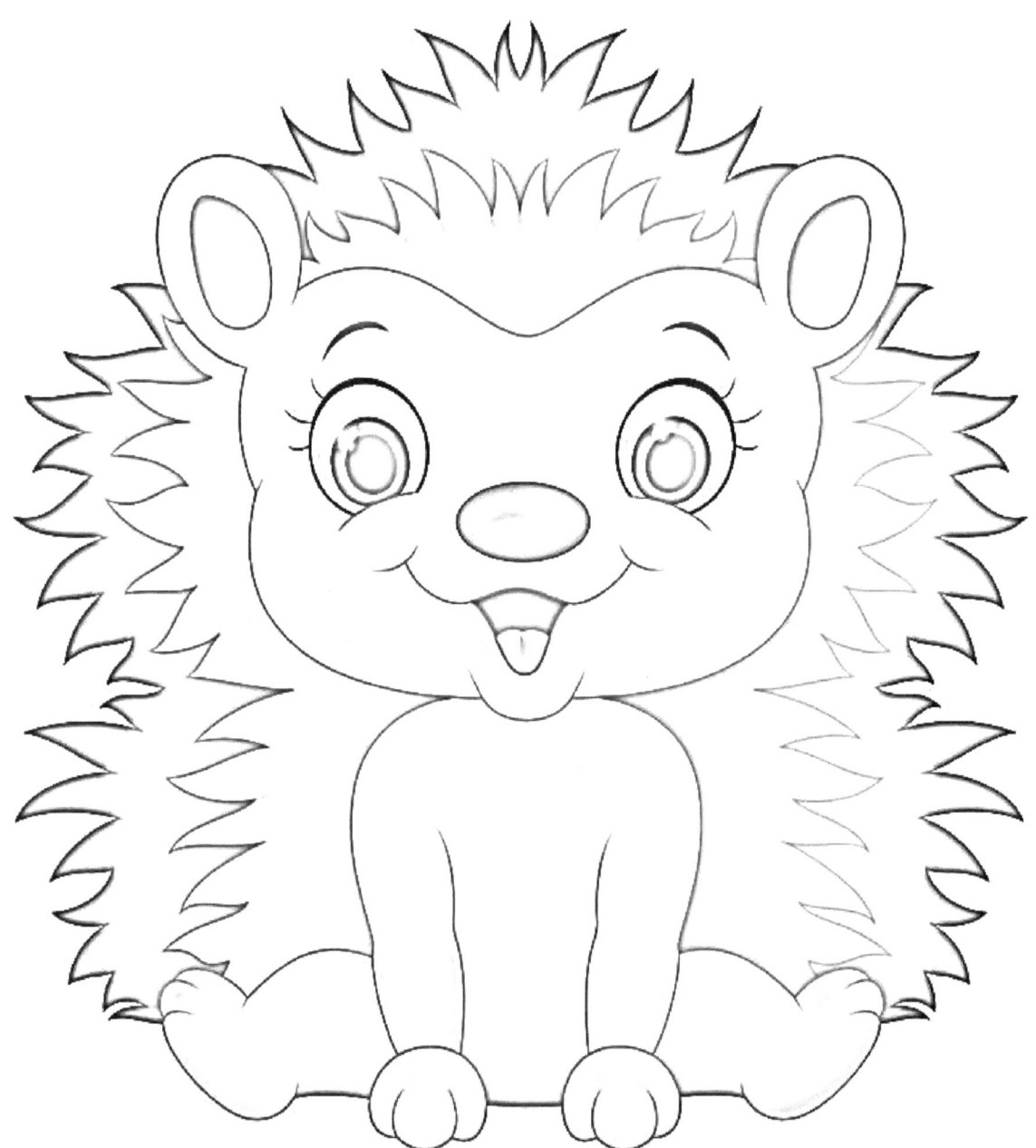

Le bébé de l'hérisson s'appelle Choupisson

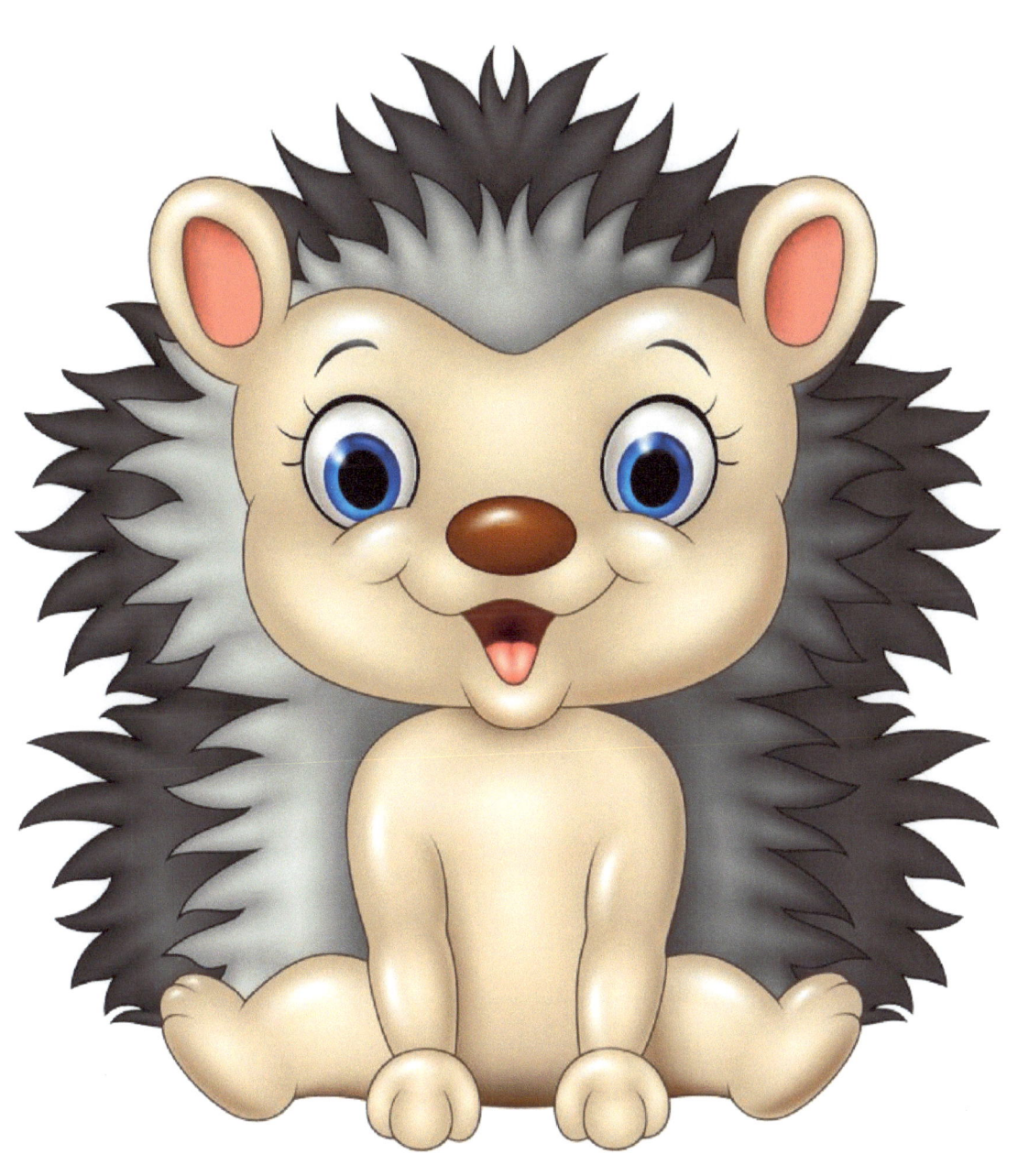

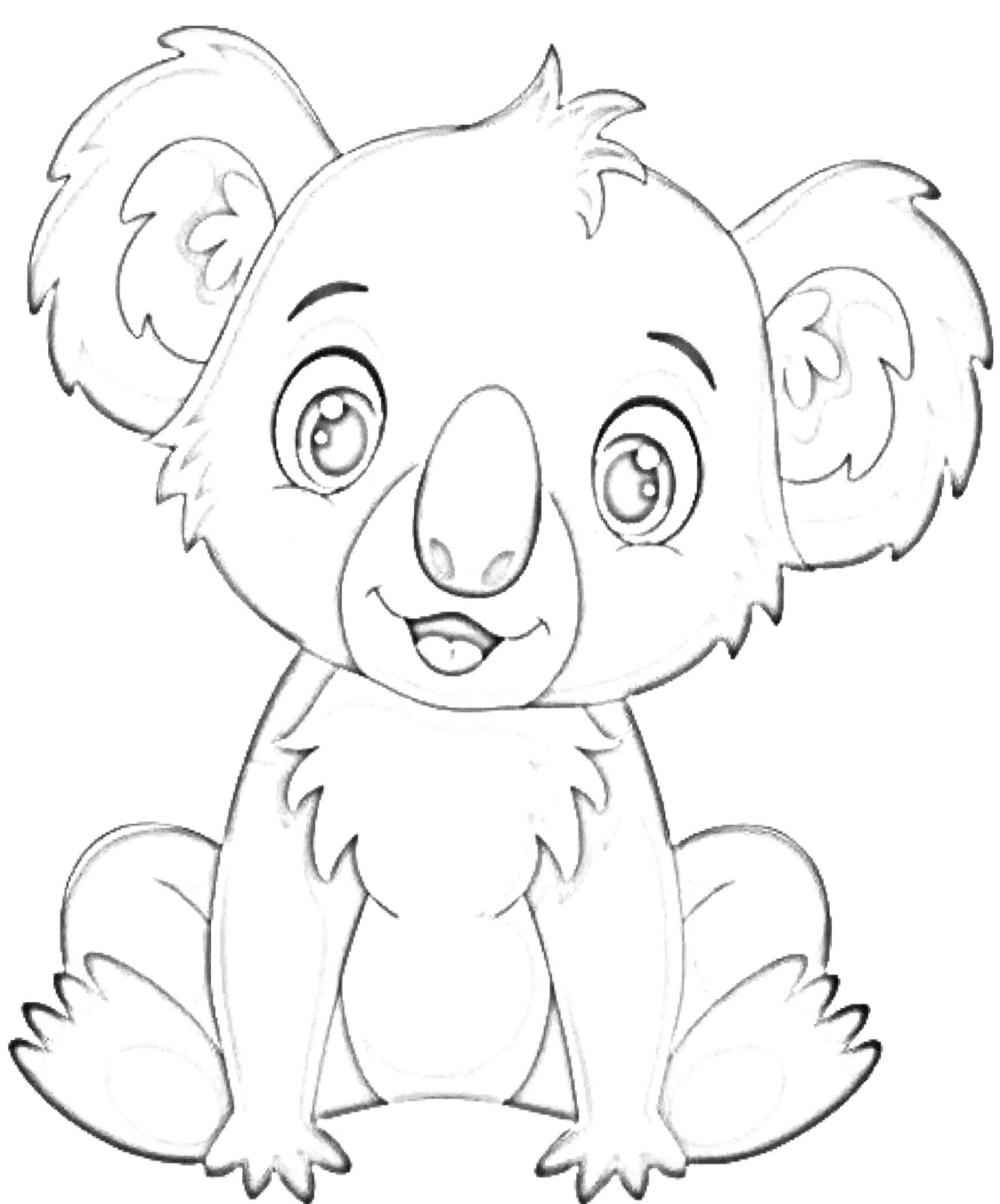

Le bébé du koala s'appelle
Bébé koala

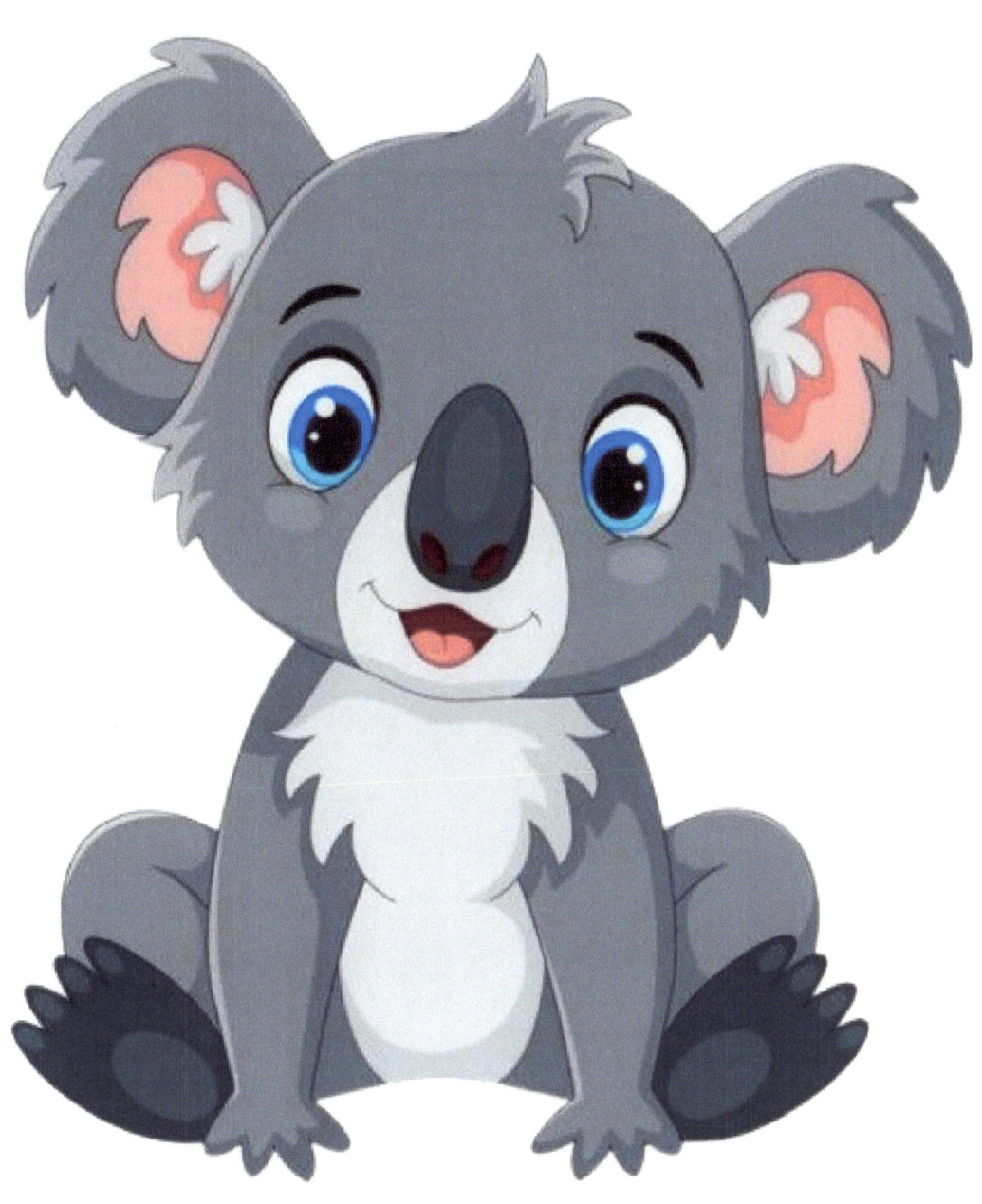

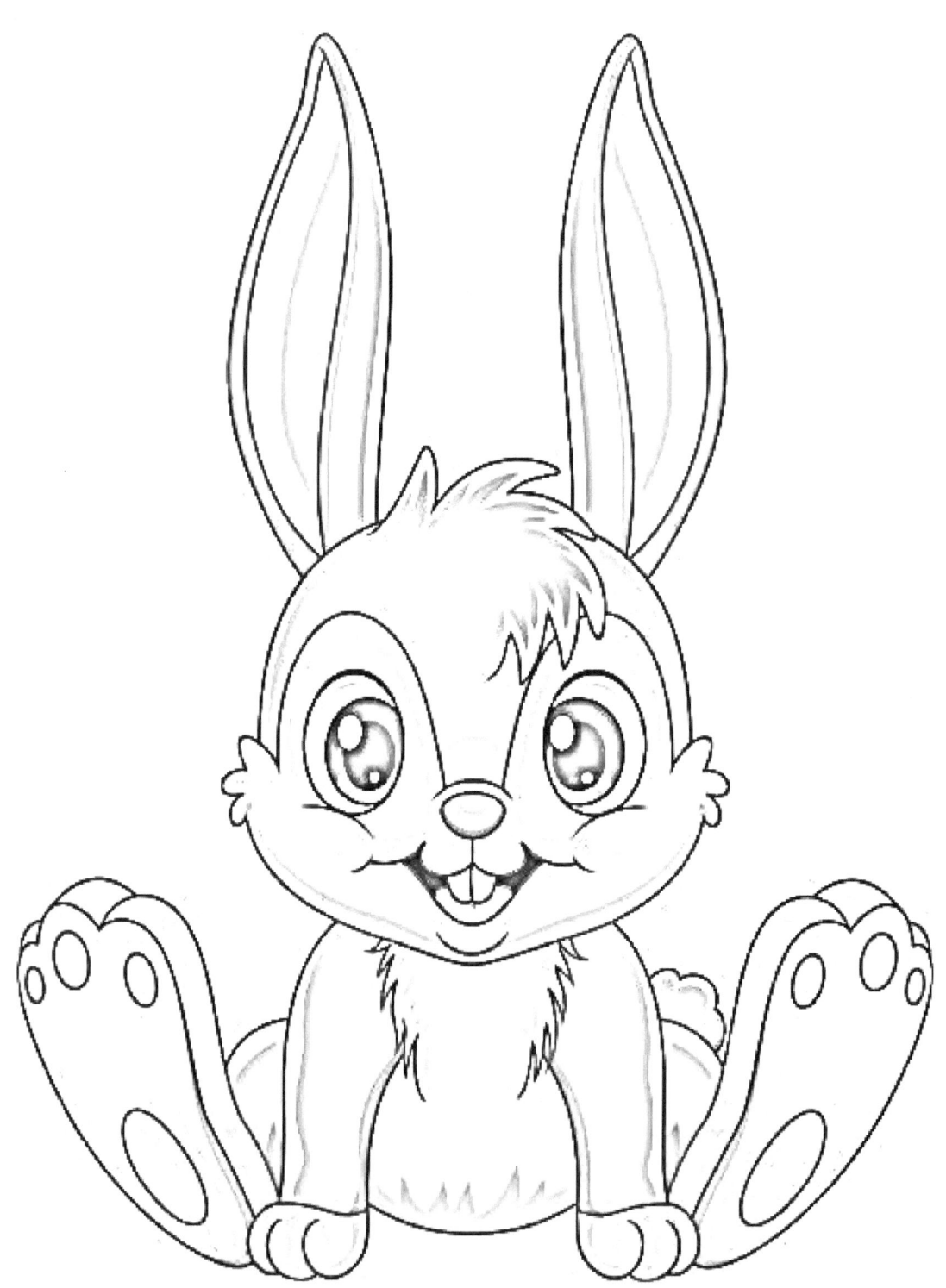

Le bébé du lapin s'appelle
Lapereau

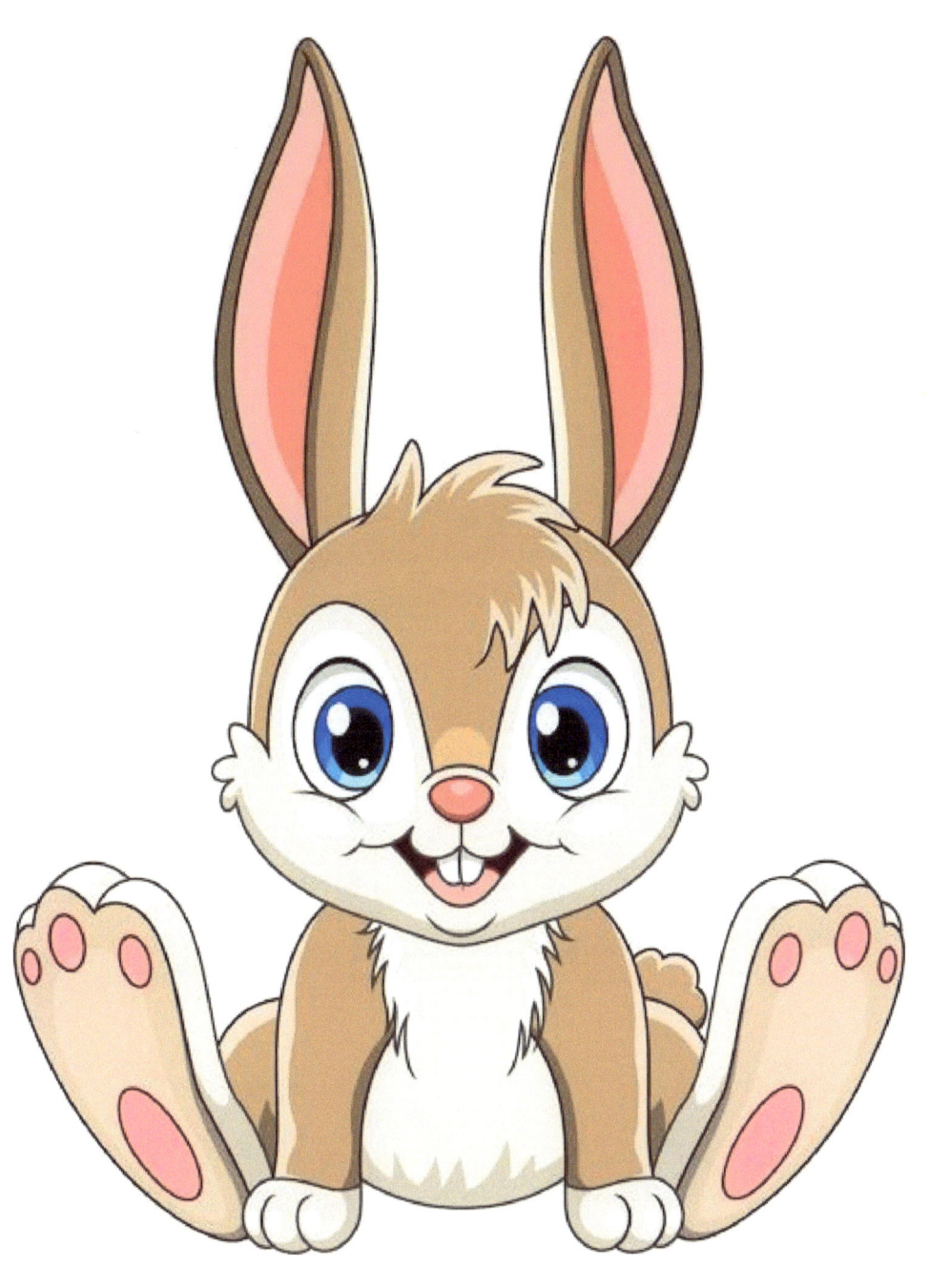

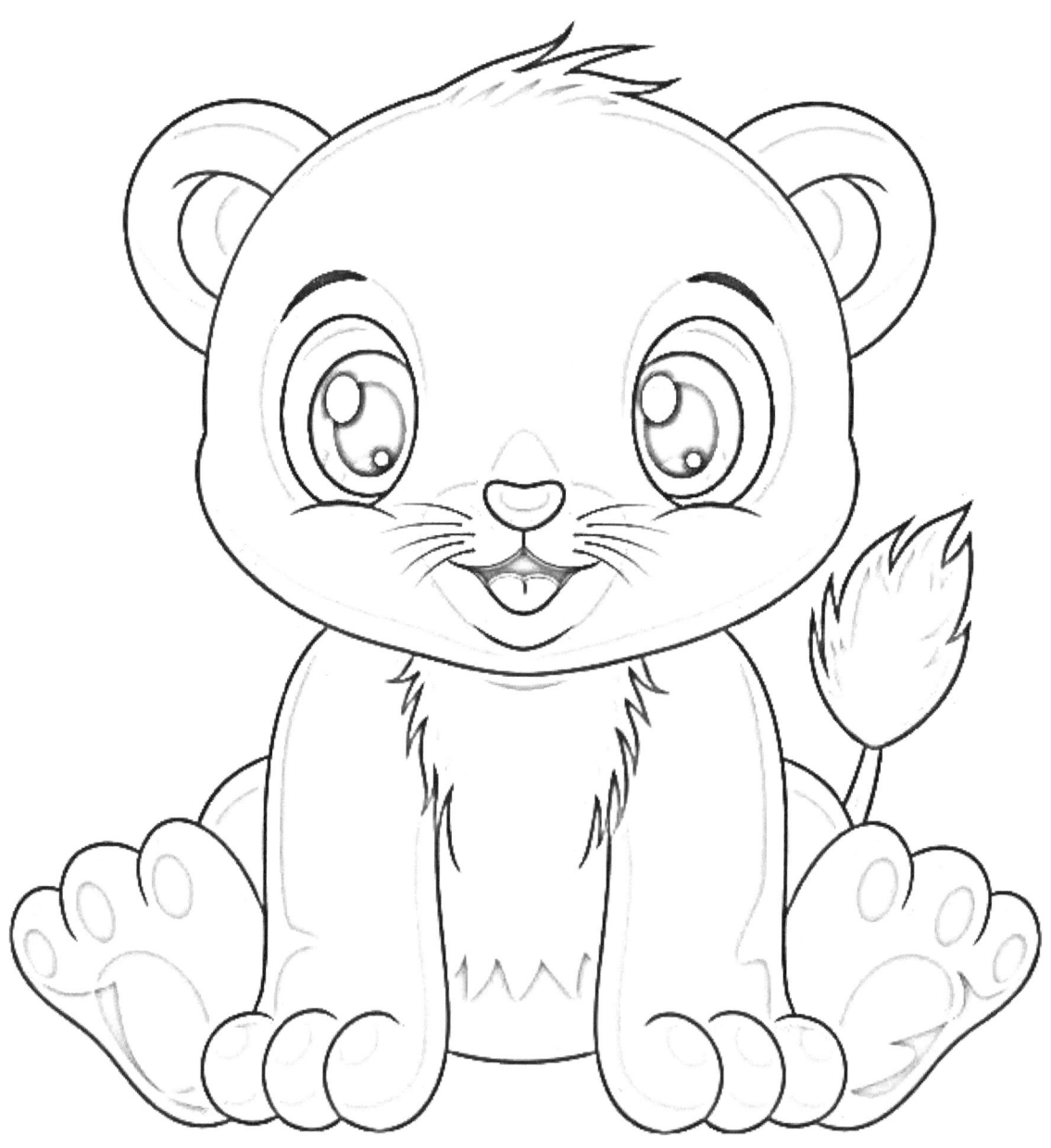

Le bébé du lion s'appelle Lionceau

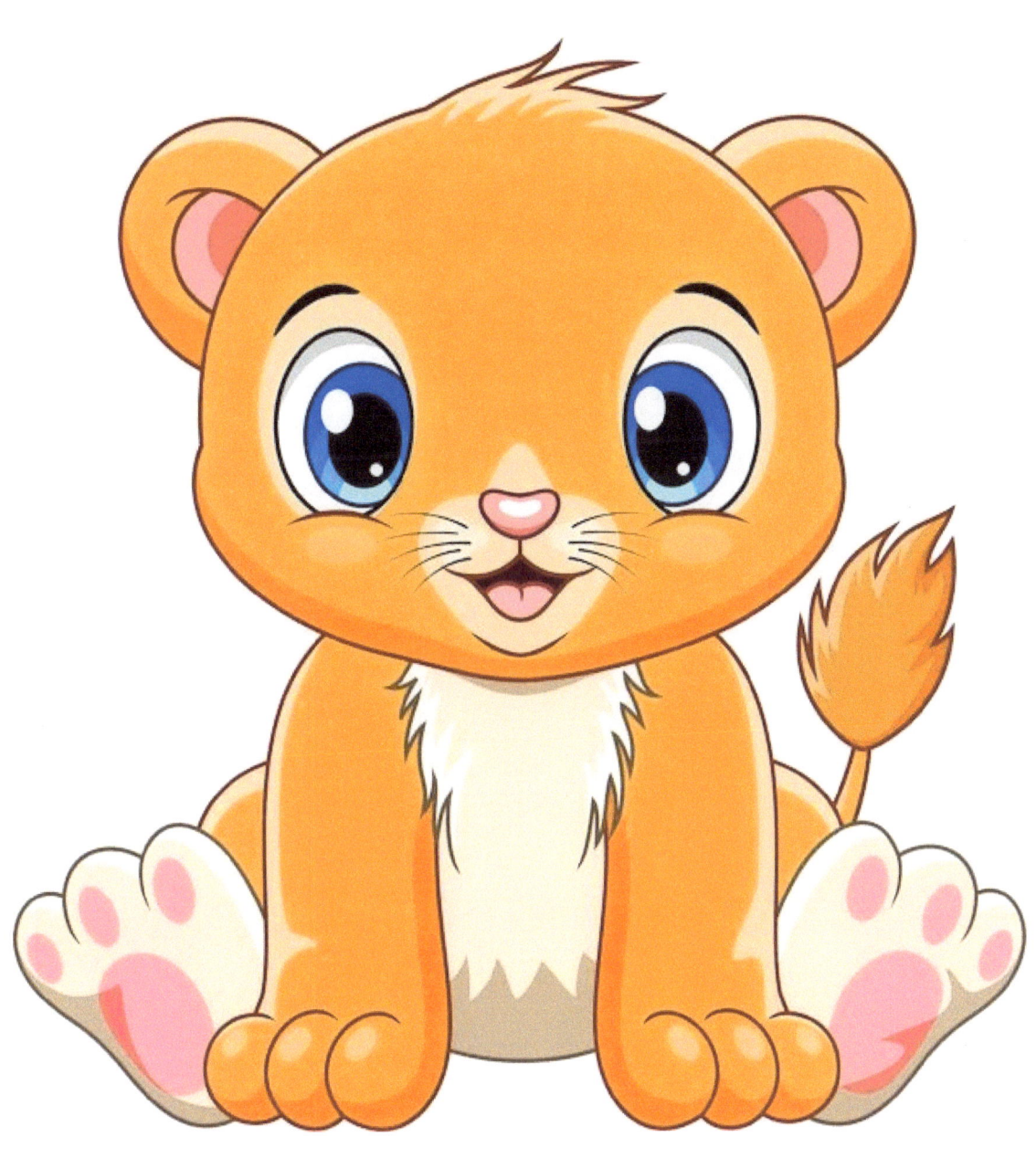

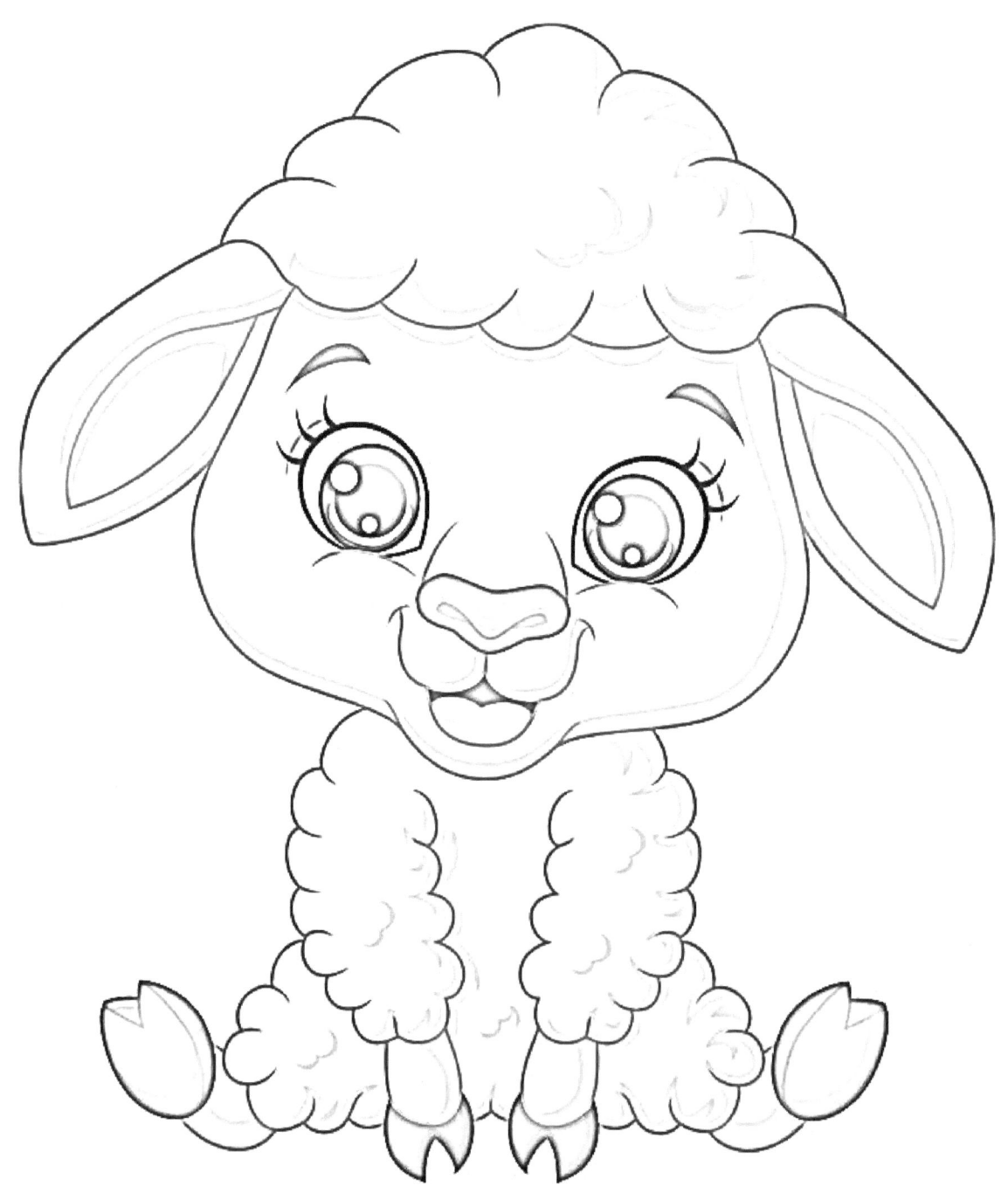

Le bébé du mouton s'appelle
Agneau

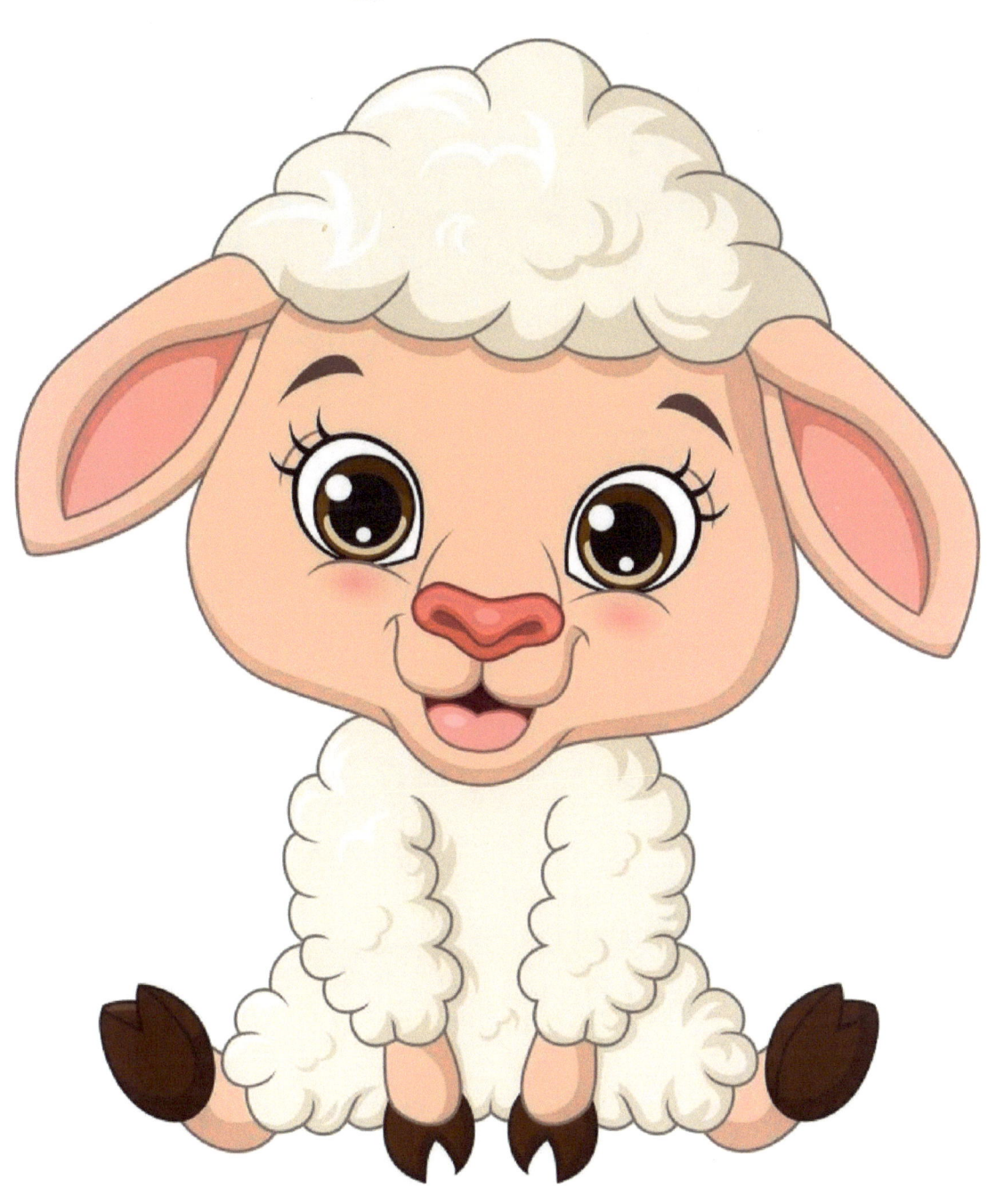

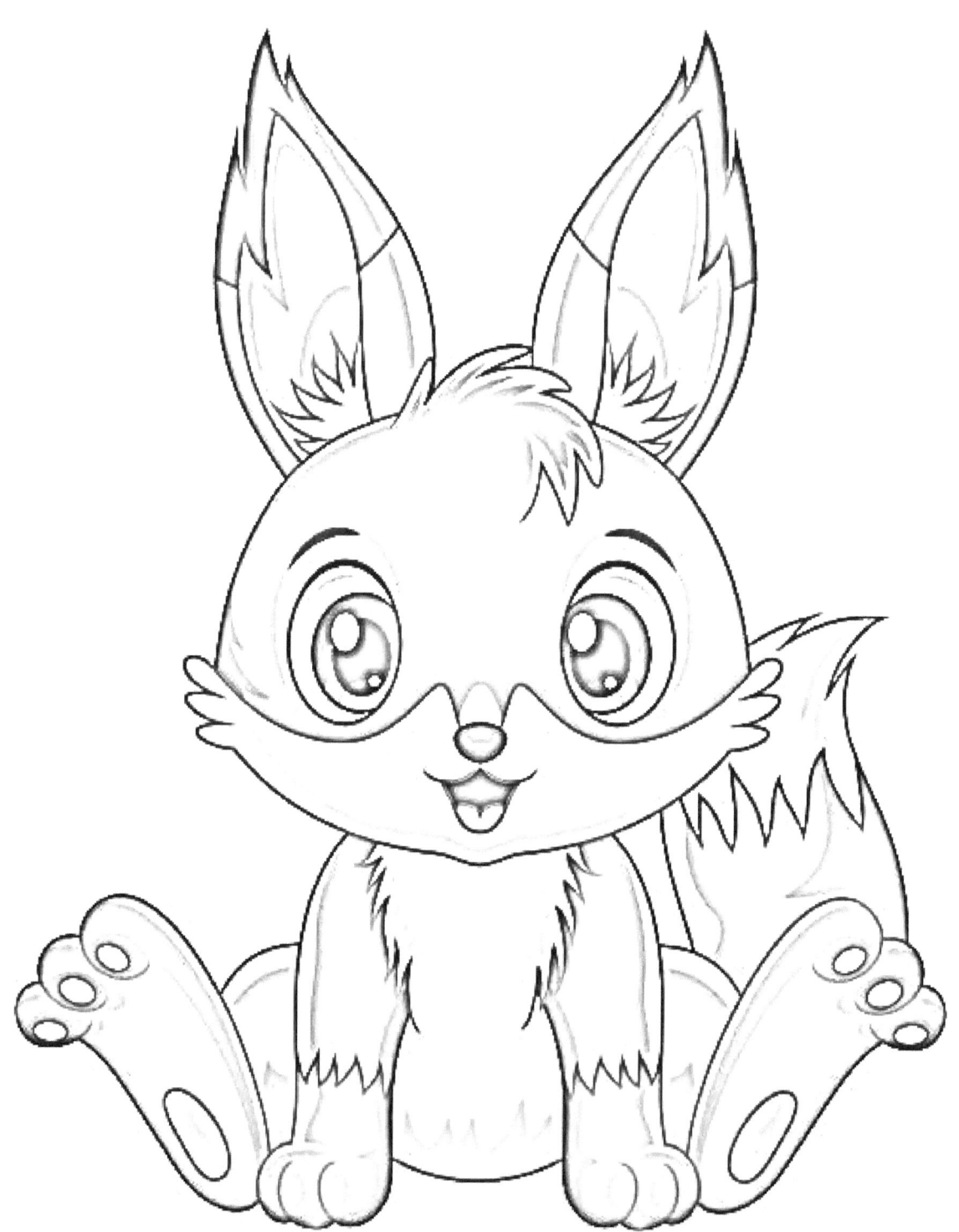

Le bébé du renard s'appelle
Renardeau

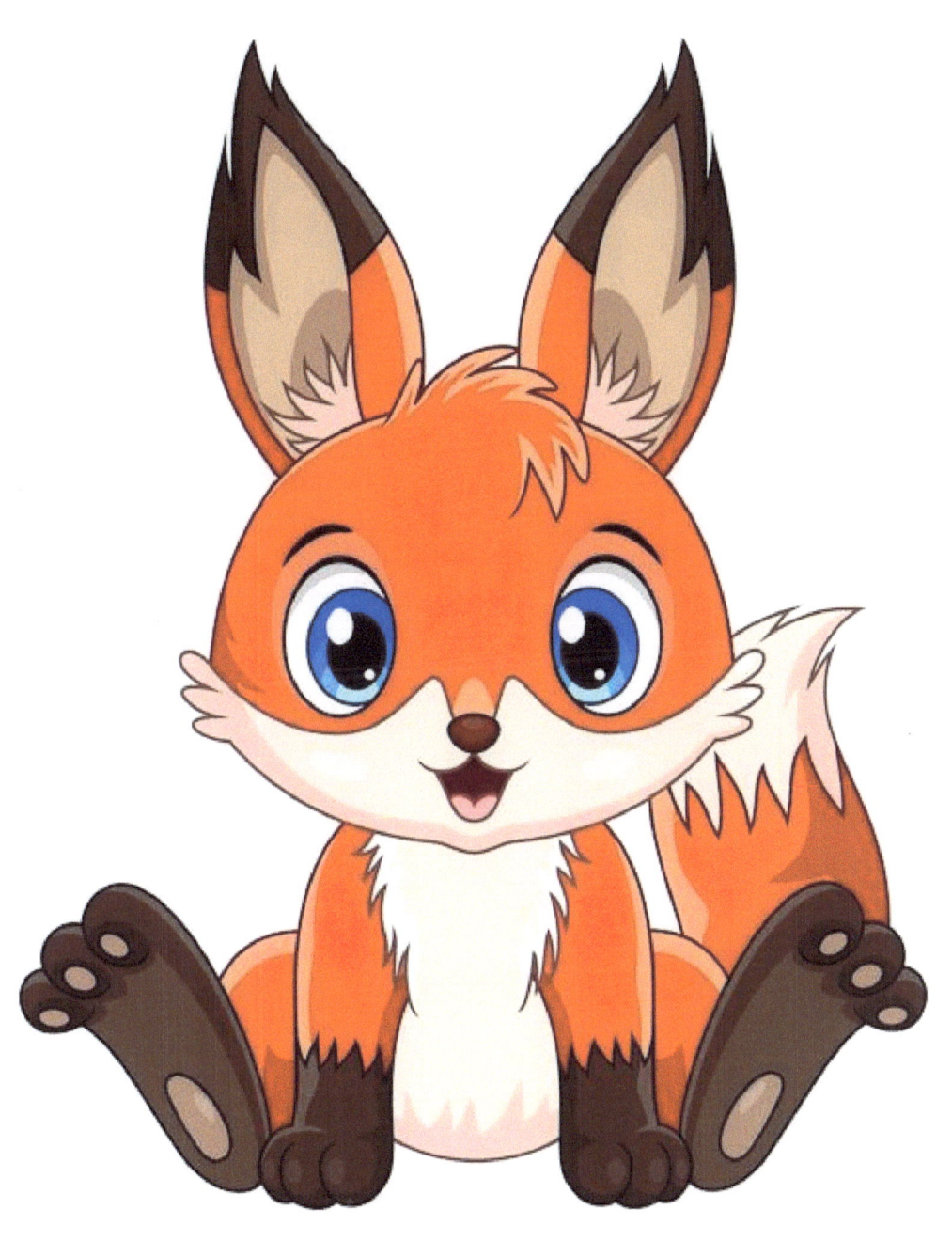

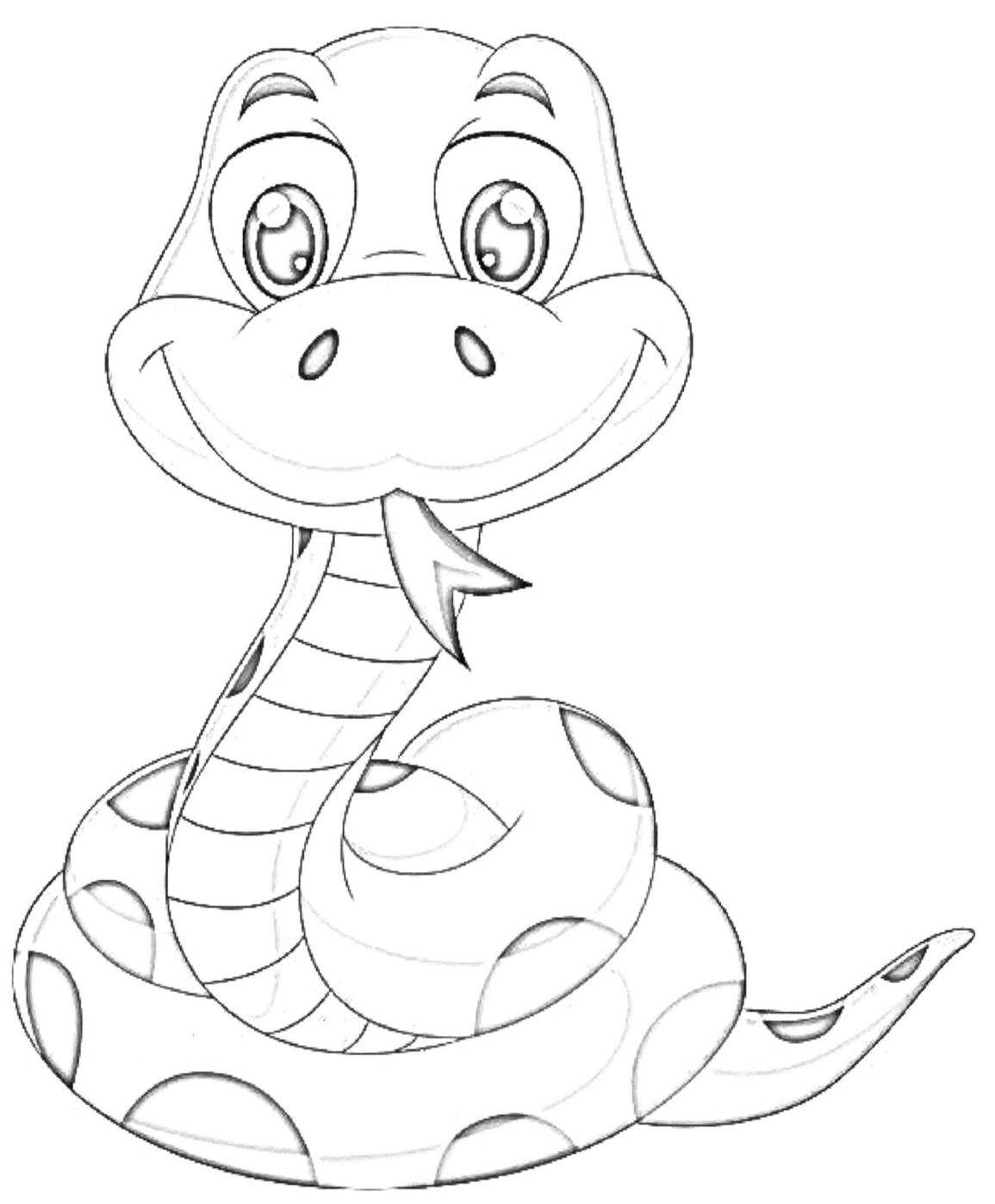

Le bébé du serpent s'appelle Serpenteau

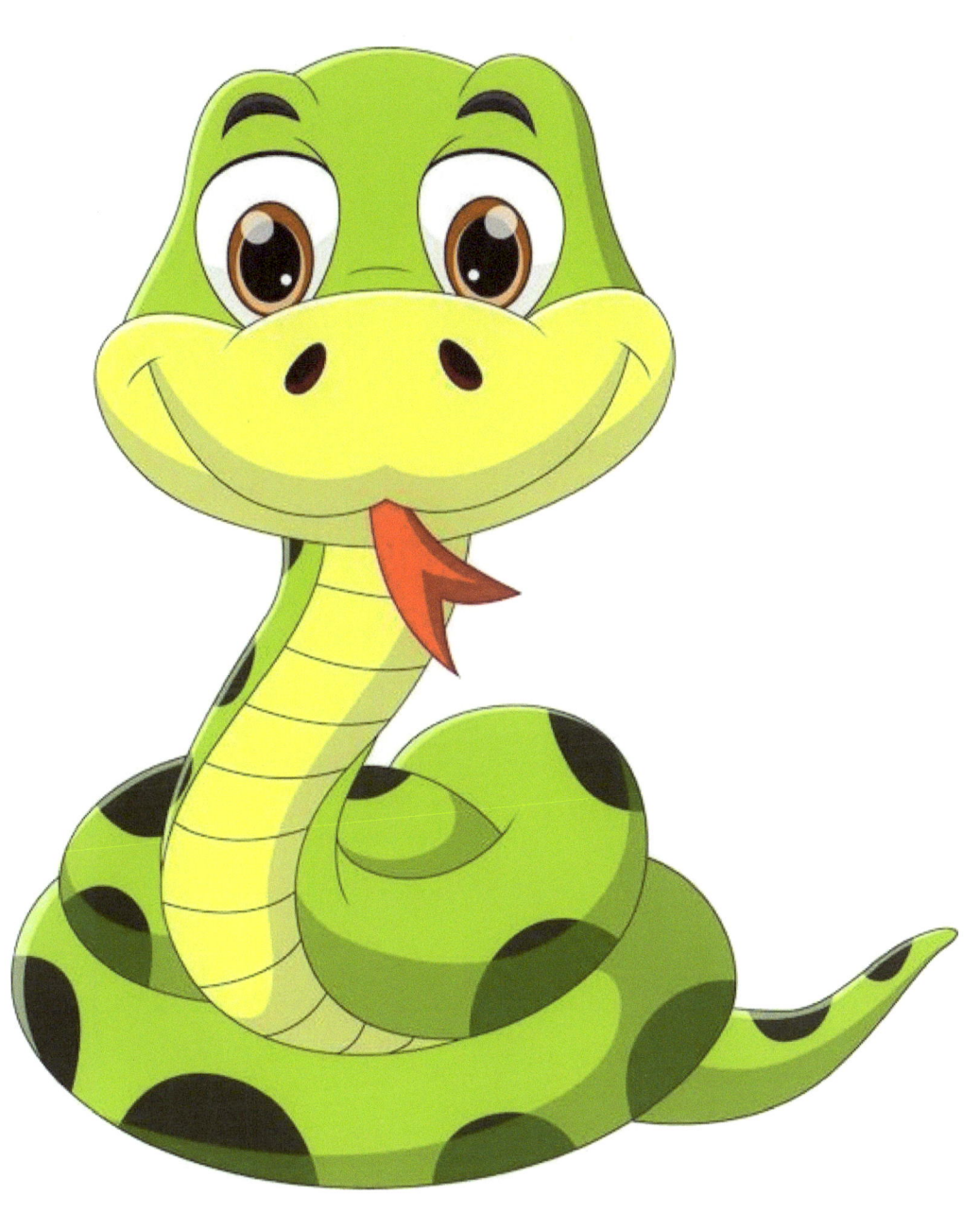

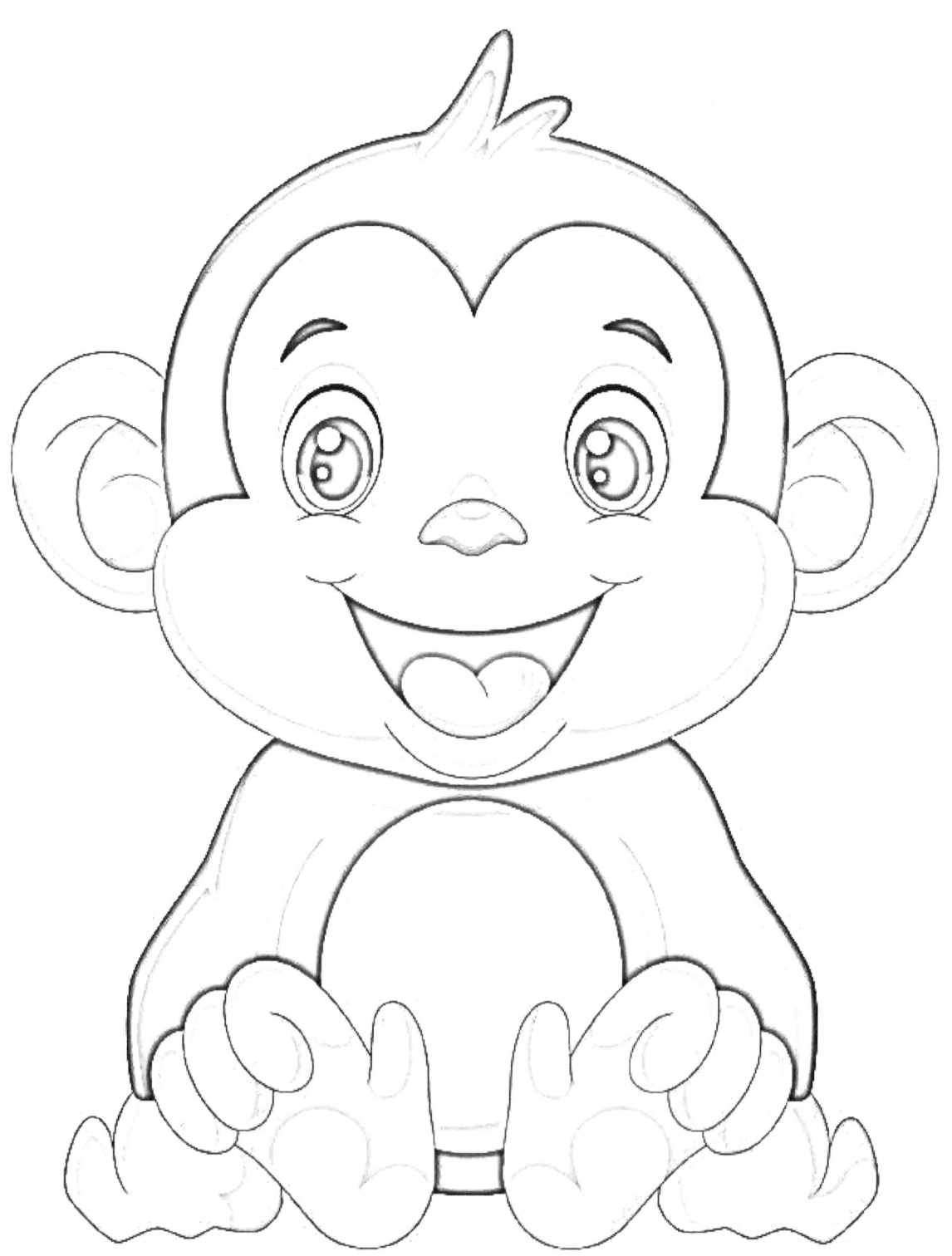

Le bébé du singe s'appelle
Guenaud

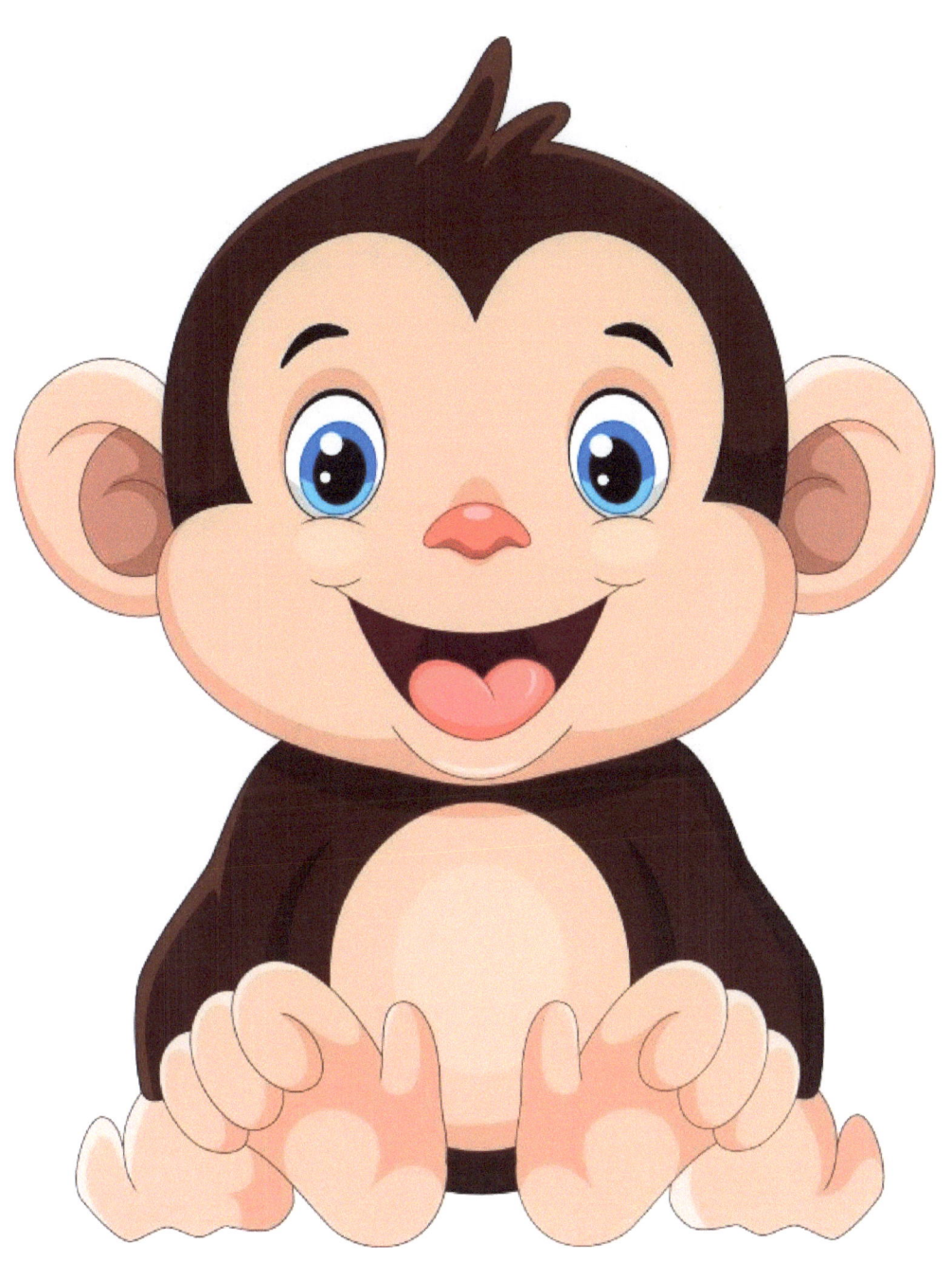

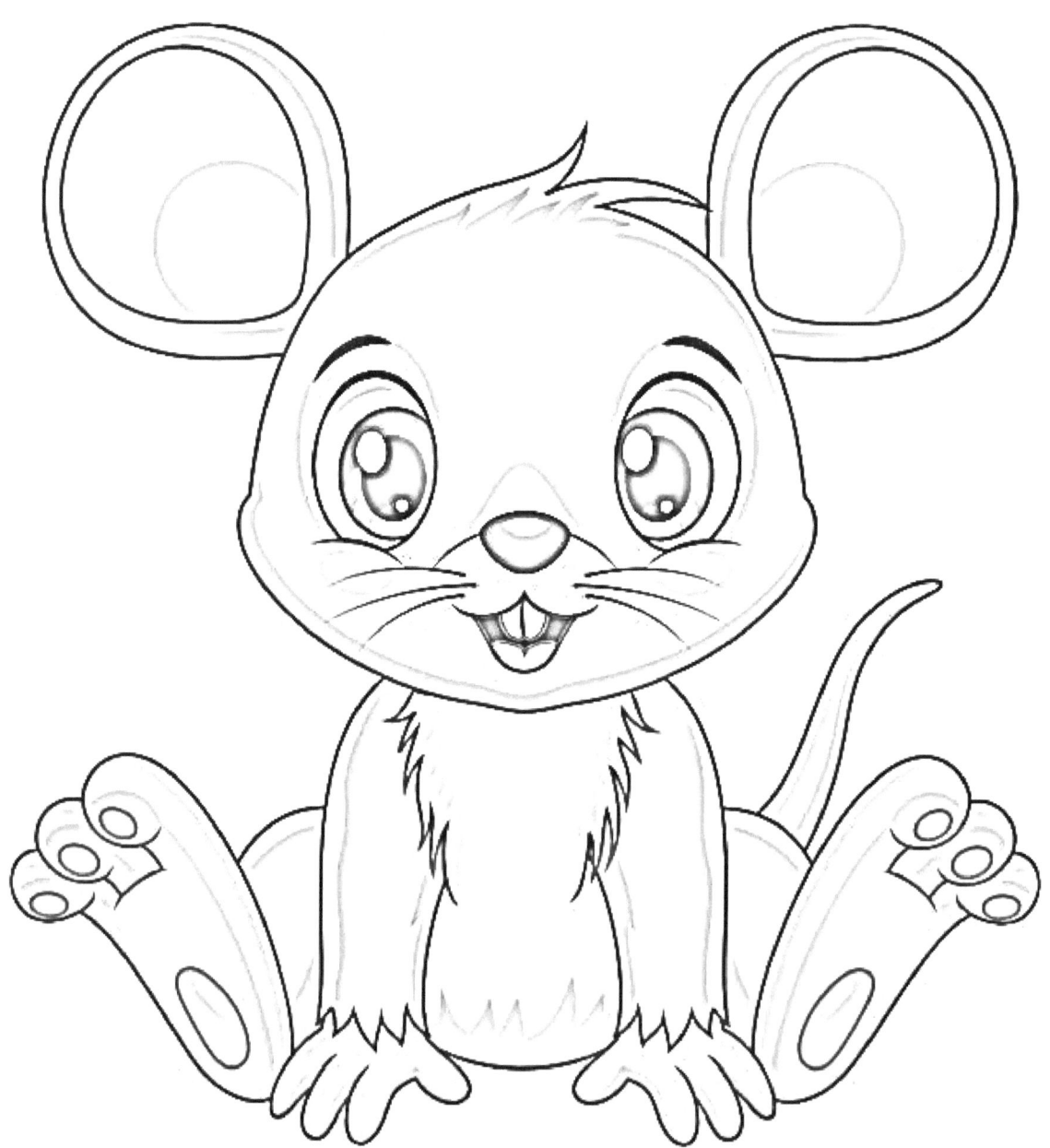

Le bébé de la souris s'appelle
Souriceau

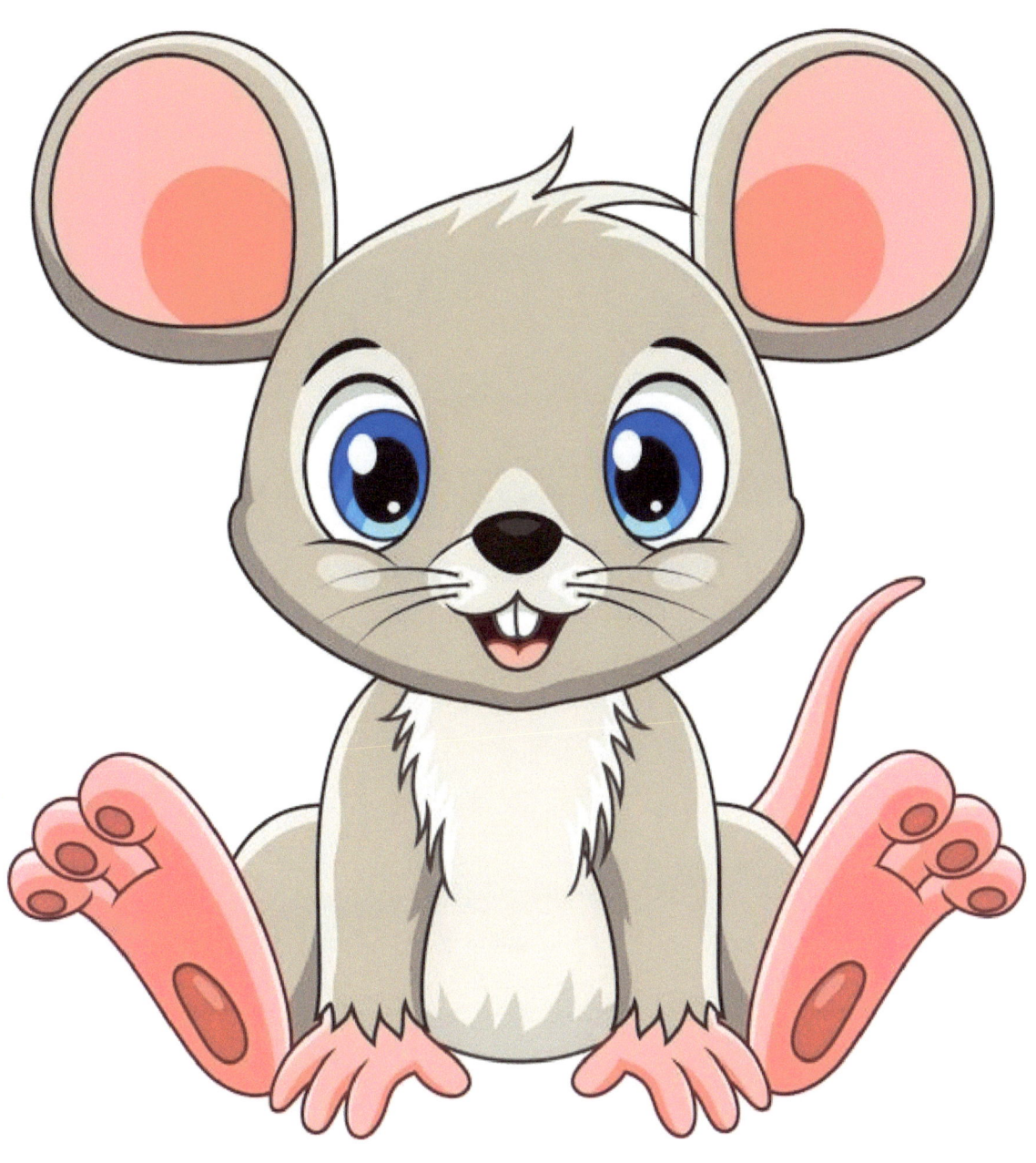

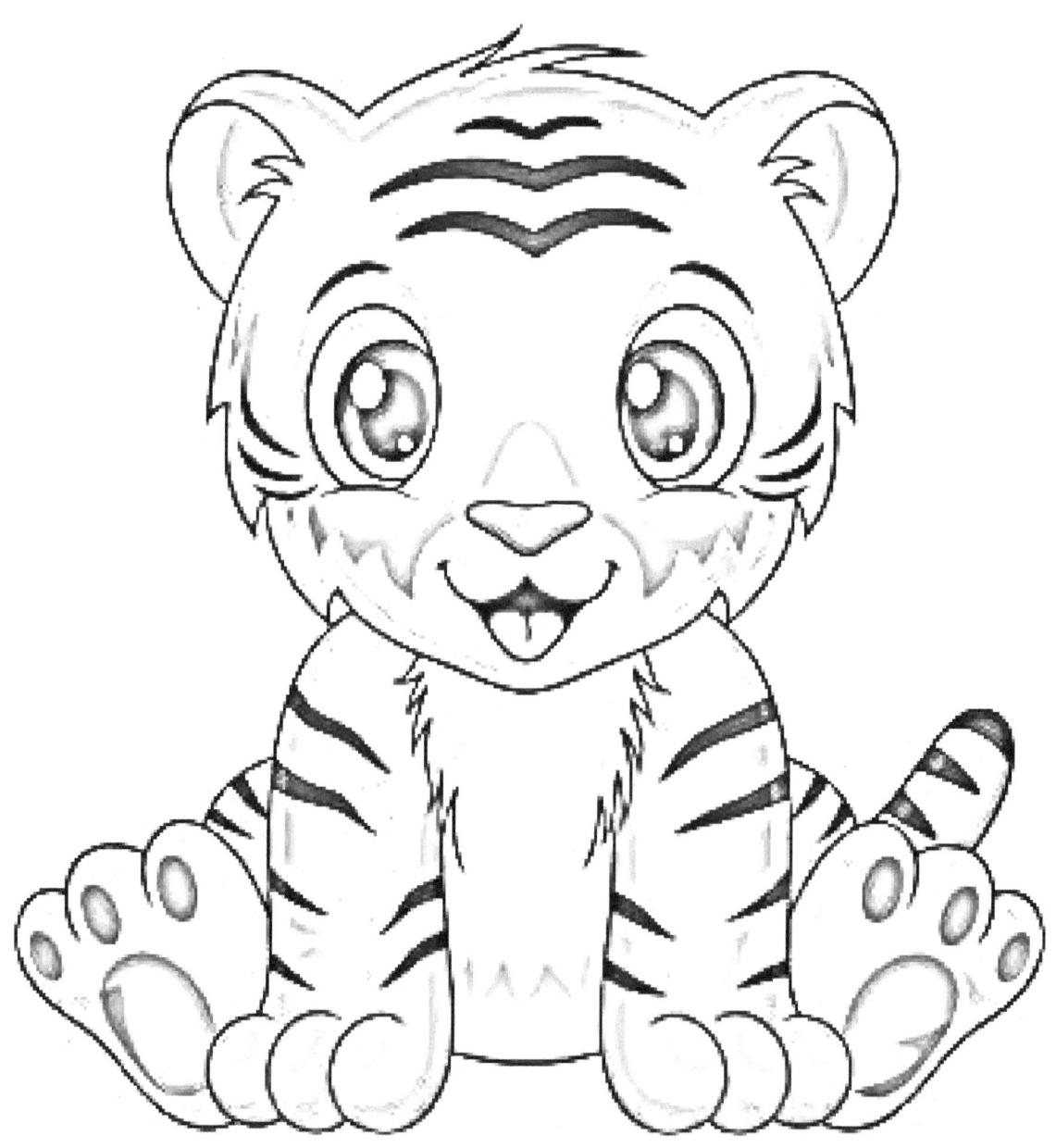

Le bébé du tigre s'appelle
Tigreau

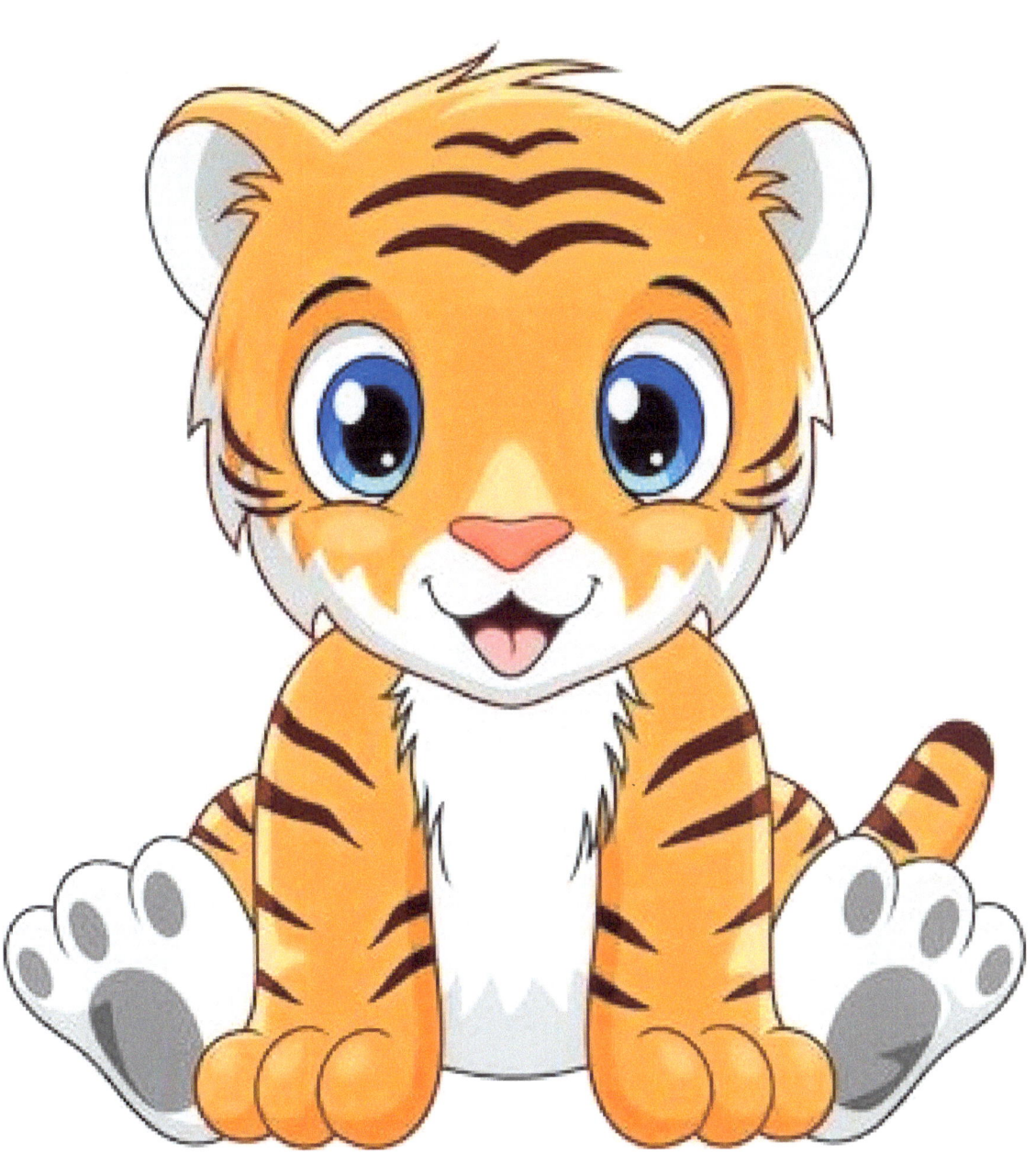

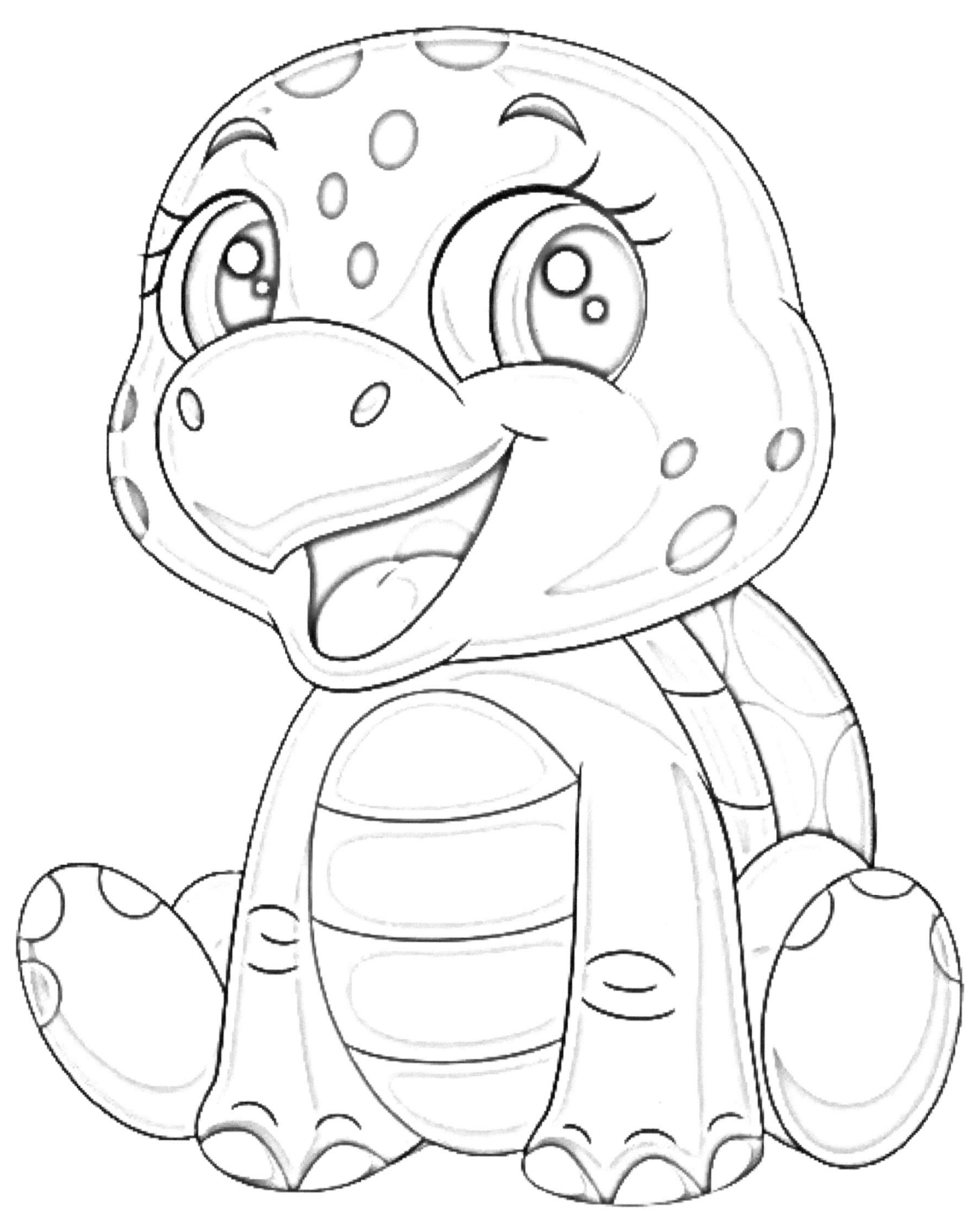

Le bébé de la tortue s'appelle
Bébé tortue

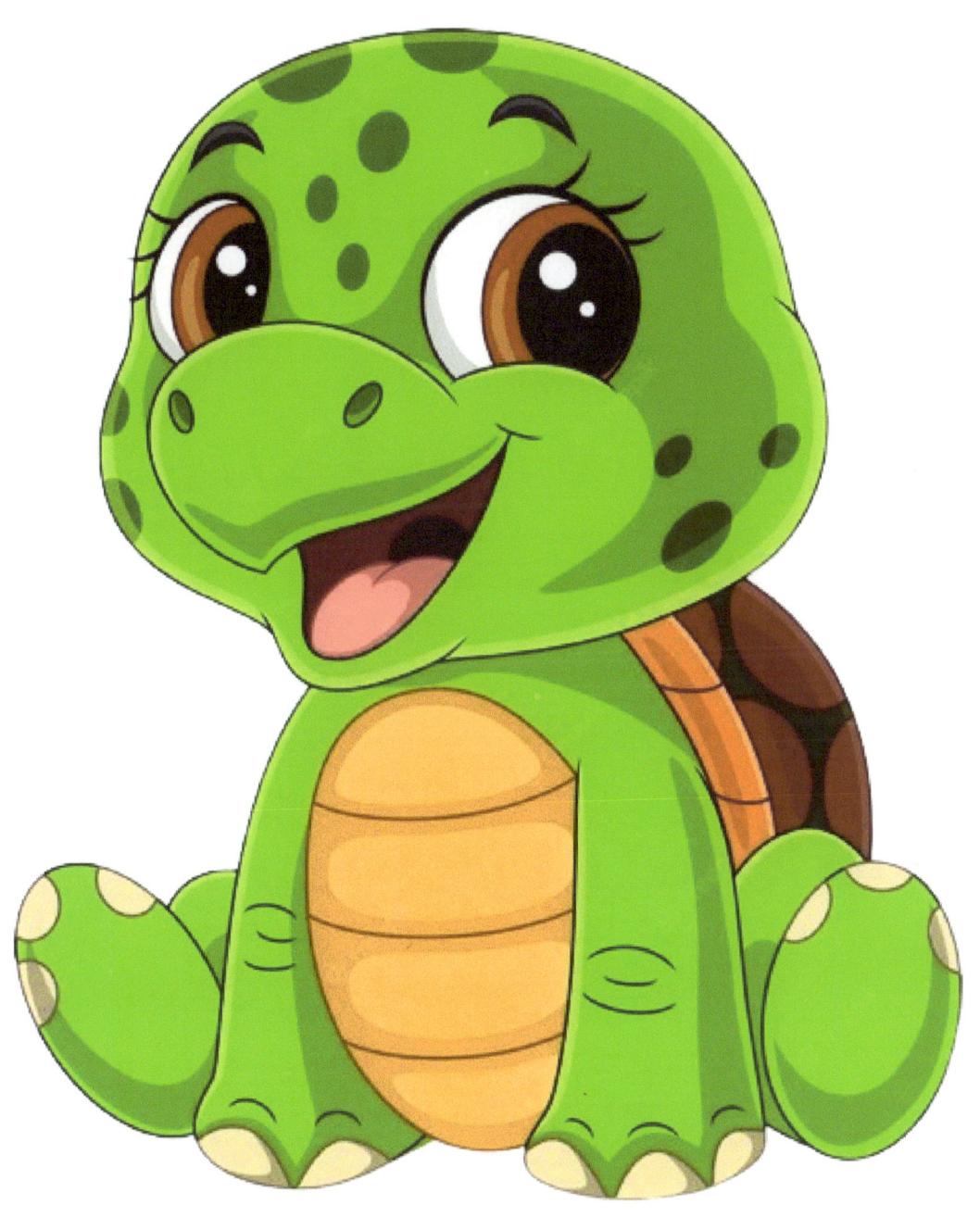

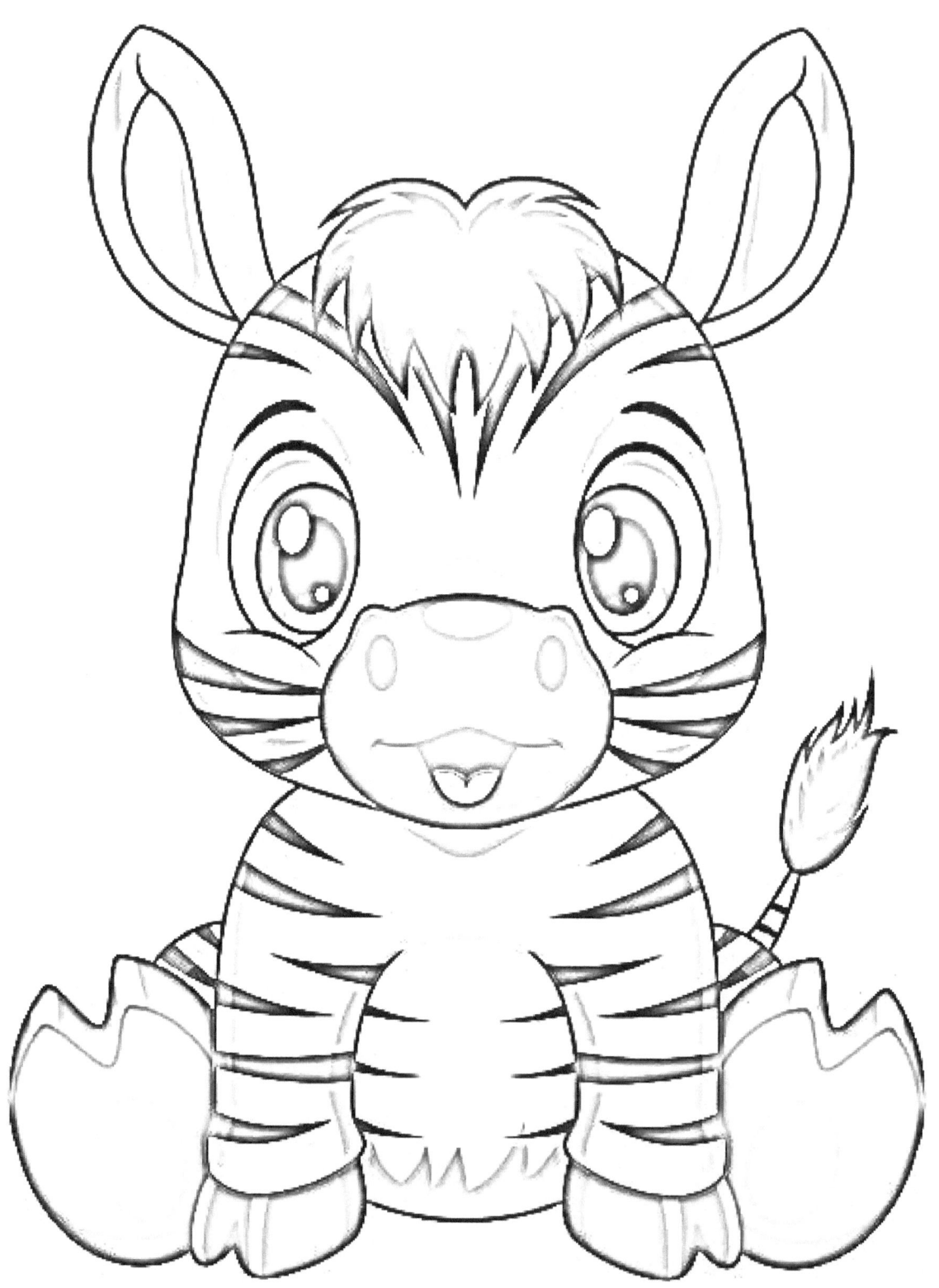

Le bébé du zèbre s'appelle
Zébron

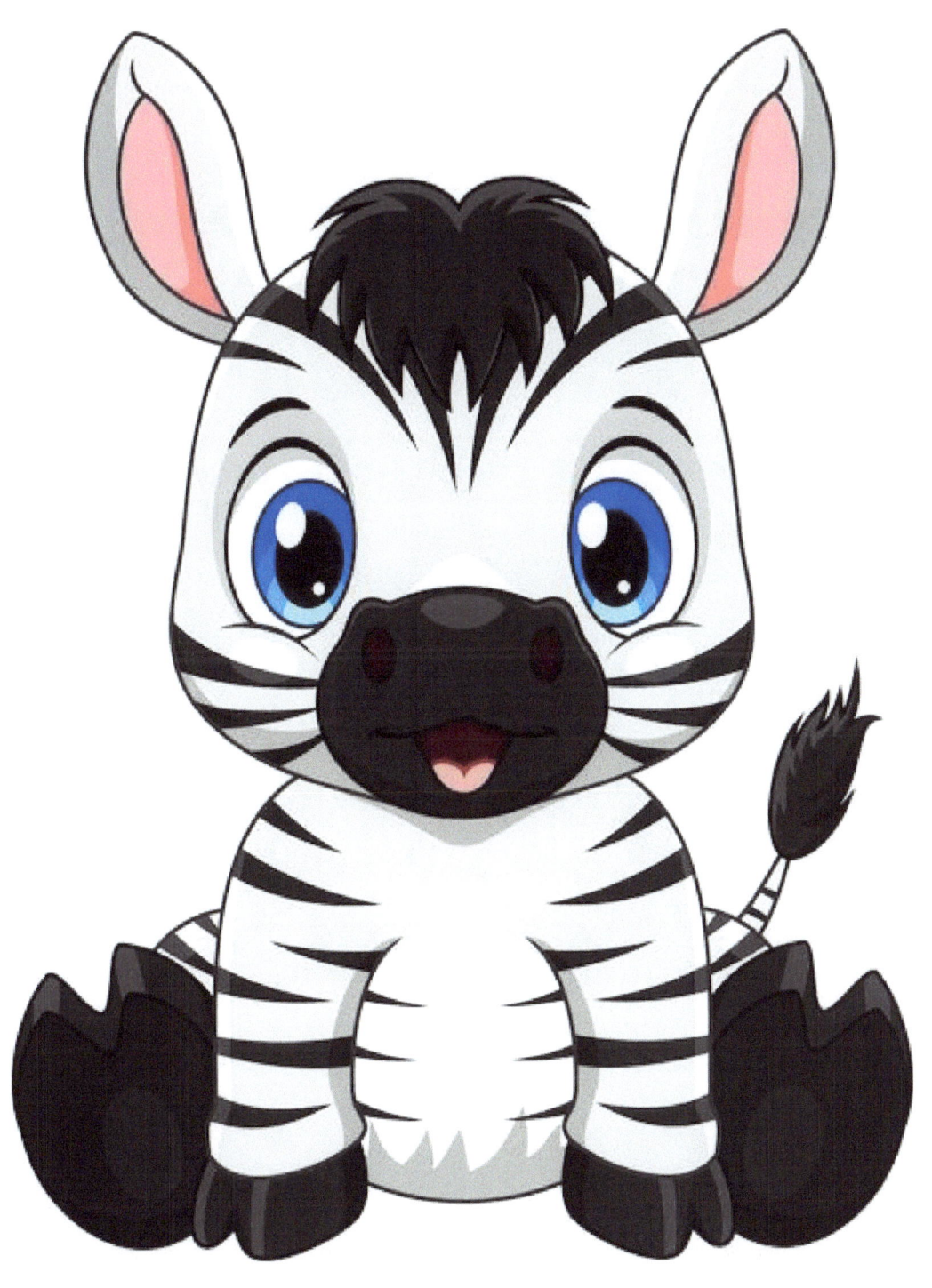

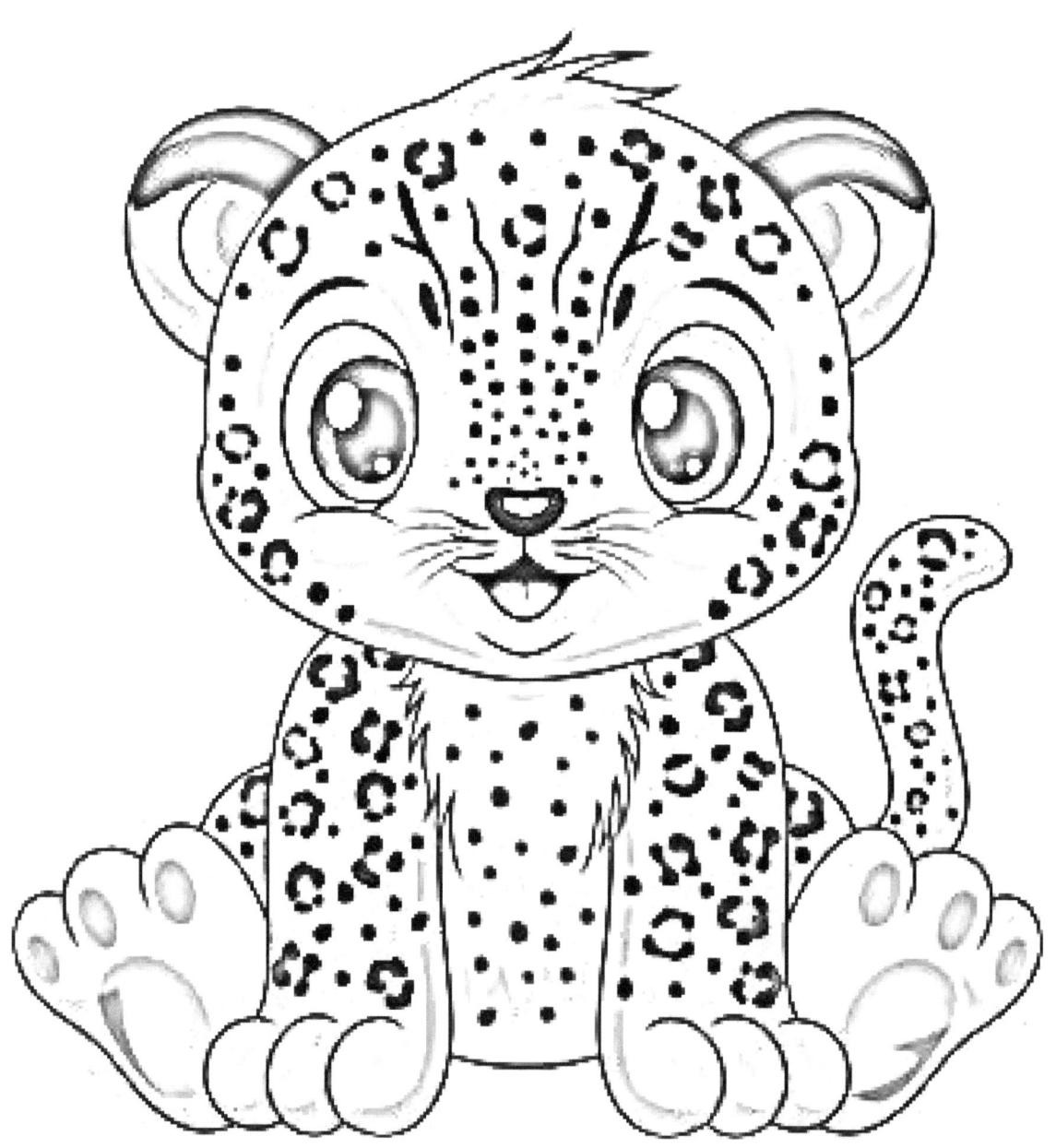

Le bébé du léopard s'appelle
Léopardeau

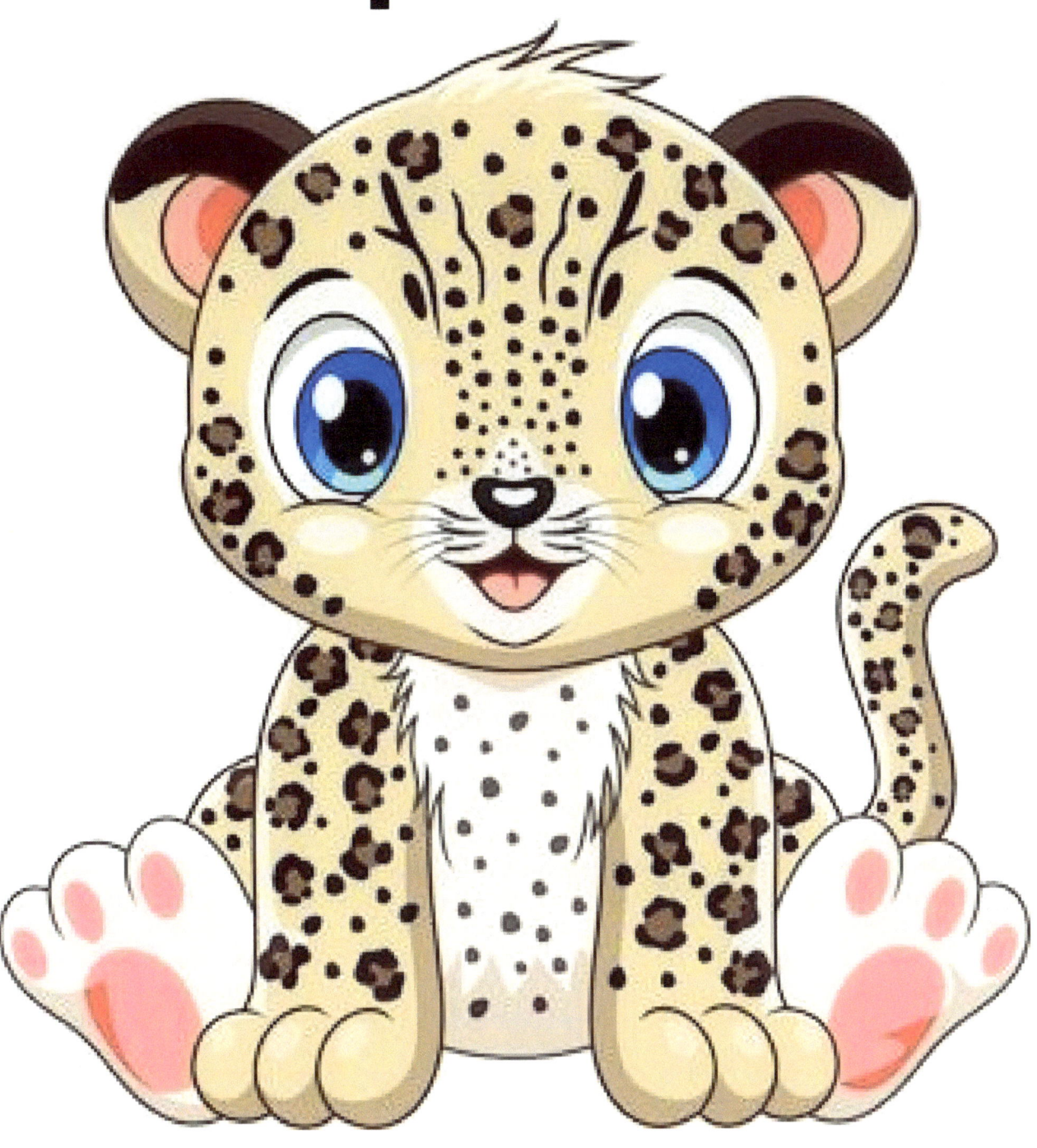